02 인지행동치료 스펙트럼 시리즈

COGNITIVE BEHAVIOR THERAPIES

합리적 정서행동치료

인지행동치료 스펙트럼 시리즈 | COGNITIVE BEHAVIOR THERAPIES 02

합리적 정서행동치료

Windy Dryden 저 | 유성진 역

학지사

발간사

인지행동치료(Cognitive Behavior Therapies)는 견고한 이론적 기반과 풍성한 치료적 전략을 갖추고 있는 과학적으로 검증된 심리치료 체계다. 이론적으로, 인지행동치료는 비록 모든 사람이 타당성이 결여된 비논리적인 생각 혹은 유용성이 부족한 부적응적인 생각을 품을 때가 있지만 특히 심리장애를 지니고 있는 내담자의 경우에는 왜곡된 자동적 사고가 뒤따르는 감정과 행동과 대인관계에 미치는 역기능이 현저하기 때문에 문제가 된다고 가정한다. 치료적으로, 인지행동치료는 구체적인 문제 분석, 지속적인 자기 관찰, 객관적인 현실 검증, 구조화된 기술 훈련 등을 통해 내담자가 자신의 마음을 바라보고 따져 보고 바꾸고 다지도록 안내하는 일련의 과정으로 진행된다. 인지행동치료자는 내담자가 구성한 주관적 현실을 검증해 볼 만한 하나의 가설로 받아들인 뒤, 협력적 경험주의에 근거하여 내담자와 함께 그 가설의 타당성과 유용성을 검토하는 정교한 작업을 수행한다.

인지행동치료는 발전을 거듭하고 있다. 인지행동치료는 정신병리의 발생 원인과 개입 방향을 전반적으로 설명하는 총론뿐만 아니라 심리장애의 하위 유형에 따라서 구체적으로 변용하는 각론을 제공하기 때문에 임상적 적응증이 광범위하다. 아울러 인지의 구조를 세분화하여 자동적 사고 수준, 역기능적 도식 수준, 상위인지 수준에서 차별적으로 개입할 수 있는 위계적 조망을 제시하기 때문에 임상적 실용성이 향상되었다. 또한 변화와 수용의 변증법적 긴장과 균형을 강조하는 현대심리치료의 흐름을 반영하는 혁신적 관점을 채택하기 때문에 임상적 유연성이 확보되었다. 다만 이렇게 진화하는 과정에서 인지행동치료를 협의가 아닌 광의로 정의할 필요가 발생했는데, 이것이 서두에서 인지행동치료의 영문 명칭을 단수가 아닌 복수로 표기한 까닭이다. 요컨대, 현재 시점에서 인지행동치료를 제대로 정의하기 위해서는 내용과 맥락이 모두 확장된 스펙트럼으로 간주하는 것이 바람직하다.

이번에 출간하는 인지행동치료 스펙트럼 시리즈는 전술한 흐름을 적절히 반영하고 있다. 독자 입장에서는 인지행동치료의 대명사인 Beck(인지치료)과 Ellis(합리적 정서행동치료)의 모형, 성격장애 치료에 적합하게 변형된 Young(심리도식치료)과 Linehan(변증법적 행동치료)의 모형, 제3세대 인지행동치료로 불리는 Hayes(수용전념치료)의 모형 등의 공통점과 차이점을 이론적 및 실제적 측면에서 세밀하게 조명할 수 있는 기회가 될 것이다. 아울러 메타인지치료, 행동분석치료, 행동촉진치료, 자비중심치료, 마음챙김 인지치료, 구성주의치료 등 각각이 더 강조하고 있거나 덜 주목하고 있는 영역을 변별함으로써 임상장면에서 만나는 다양한 내담자에게 가장 유익한 관점과 전략을 채택하는데 도움이 되리라 여겨진다. "Beck은 현실에 맞도록 이론을 변화시키려는 경향이 강했다."는 동료들의 전언이 사실이고, 인지행동치료의 기본 전제를 수용하면서 통합적 개입을 추구하는 심리치료자라면, 인지행동치료 스펙트럼 시리즈에 관심을 보일 만하다.

인지행동치료 스펙트럼 시리즈 역자 대표

유성진

역자 서문

인지행동치료 스펙트럼에 속하는 심리치료 모형들은 인간을 일종의 과학자로 간주한다. 각자의 삶에서 벌어지는 사건을 기술하고 설명하고 예측하고 통제하려고 애쓰는 인간의 모습이 과학자의 그것과 비슷하기 때문이다. 유능한 과학자는 자신의 견해를 입증하는 논리적 근거를 다양하게 수집하고 체계적으로 제시하는 방식으로 현상을 탐구하며, 만약 자신의 견해를 반증하는 경험적 근거가 밝혀지면 기존의 가설을 수정하고 새로운 설명을 도출하기 위해 노력한다. 마땅히 그렇게 하지 않는다면 무능한 과학자로 전락하게 될 것이다. 이런 관점에서 볼 때, 인간은 유능한 과학자인가, 아니면 무능한 과학자인가?

합리적 정서행동치료(Rational Emotive Behavior Therapy)를 주창한 Albert Ellis는 인간의 양면성을 가정한다. 한편으로는 비합리성으로 귀결되는 무능한 과학자이고, 다른 한편으로는 합리성을 추구하는 유능한 과학자라는 것이다. 인간은 자신의 삶에 강력한 영향을 미치는 신념을 지니고 있지만 그것을 알아차리지 못할 뿐만 아니라 신념의 논리성과 효용성에 거의 의문을 품지 않는다. 특히 자신과 타인과 인생에 대한 경직되고 극단적인 신념이 심리장애를 초래하는데, 이러한 사실에 주목할 때 인간은 비합리성으로 귀결되는 존재다.

그러나 인간은 엄혹한 삶의 역경에 직면할 때조차 여전히 합리적으로 생각하고 행동할 수 있는 존재다. 인간에게 합리적인 반응을 선택할 수 있는 잠재력이 없다면 도대체 심리치료자가 무엇을 할 수 있겠는가? 자신의 소망을 당위로 변질시키지 않는 한, 비록 선호가 충족되지 않더라도 그것을 파국화하면서 자기와 타인과 인생을 비하하지 않는 한, 심리적 고통은 견딜 만한 수준에 머물게 된다. 이러한 사실에 주목할 때 인간은 합리성을 추구하는 존재다.

모든 심리적 경험은 선택의 결과다. 인간의 삶은 합리적 신념과 비합리적 신념, 유연한 반응과 경직된 반응, 수용적 태도와 비하적 태도, 고통을 감내할 수 있다는 믿음과 감내할 수 없다는 믿음 중에서 무언가를 선택하는 과정이고, 선택의 순간은 끊임없이 찾아온다. 심리치료자의 궁극적인 역할은 내담자로 하여금 심리장애가 자신의 구성적 선택에서 비롯된 고통임을 인식하게 돕는 것이다.

이 책은 합리적 정서행동치료자가 적용할 수 있는 구체적 전략과 효과적 기법을 소개하고 있으며, 전통적인 인지치료와 적극적으로 비교하면서 독창적인 측면을 강조하고 있다. 합리적 정서행동치료자가 아니더라도, 심리치료에서 치료 관계, 치료 순서, 치료 초점, 치료 양식, 치료 속도, 치료 효율 등을 충분히 고려하고 계획하는 데 유익한 정보가 담겨 있다. 아울러 심리적 건강의 구성요소를 확인하고, 심오한 철학적 변화를 유도하는 방향을 설정하고 절차를 진행하는 데 도움이 될 것이다.

상당한 분량으로 이루어진 인지행동치료 스펙트럼 시리즈의 출간을 흔쾌히 허락해 주고 물질적 및 심리적으로 지원해 주신 학지사 김진환 사장님과 김순호 편집부장님께 감사드린다.

2016년 1월

유성진

서 문

인지행동치료(Cognitive Behavior Therapies: CBT)는 심리치료 분야에서 독보적인 위상을 차지하고 있다. 증거기반 심리치료 중에서 영국의 NICE(National Institute of Clinical Excellence)가 제일 많이 추천하는 치료가 CBT다. CBT는 우울장애와 불안장애를 비롯한 여러 심리장애의 치료에 적용되고 있으며, 1세대와 2세대를 거쳐서 현재 3세대에 이르렀을 정도로 광범위한 스펙트럼을 포괄한다. 따라서 모든 CBT가 똑같다고 언급한다면, 그것은 차이점을 무시하고 공통점만 강조하는 부정확한 표현이 될 것이다.

Ellis(1980a)는 합리적 정서행동치료(Rational Emotive Behavior Therapy: REBT)를 두 종류로 구분했다. 이것으로 CBT 스펙트럼에서 REBT가 속하는 지점이 파악된다. 첫째, '우아한'으로 수식되는 전문적 REBT가 있다. 창시자인 Ellis 및 리더의 역할을 하고 있는 치료자들(Dryden, 2002; Grieger & Boyd, 1980; Wessler & Wessler, 1980)이 선호한다. 둘째, 폄하의 뜻으로 '우아하지 않은'이라고 수식되는 일반적 REBT가 있다. Ellis는 이것을 넓은 의미의 CBT와 동의어로 간주했다. 따라서 CBT의 영향력 아래에 있는 것은 사실 일반적 REBT다.

이 책에서 소개하는 것은 전문적 REBT다. 비록 임상문헌에서 전문적 REBT의 한계를 충분히 논의한 적도 없고 어떤 조건에서 치료 효과가 반감되는지 경험적으로 연구된 바는 없지만, 나는 이것이 일정한 한계를 지니고 있다는 사실을 잘 알고 있다.

REBT는 두 마리 토끼를 노리고 있다. 전문적 REBT와 일반적 REBT를 구분하는 것은 실용성 측면에서 가치가 있다. 어떤 경우에는 전문성을 강조할 수 있고, 어떤 경우에는 일반성을 강조할 수 있기 때문이다. 후자의 경우, REBT가 CBT와 거의 흡사하다고 주장하면서 증거기반 심리치료가 누리는 호사를 공유할 수 있다.

하지만 대가도 치러야 한다. 연구소(Albert Ellis Institute)에서 일어난 사건의 여파로 REBT의 차별 문제가 표면화되었고, 결국 연구소 창립자가 사퇴하는 참담한 사태까지 벌어졌다. 거론된 여러 문제 가운데는 "과연 REBT가 무엇인가?"라는 근본적인 물음이 있었고, 수련 교육과 임상 활동을 관장하는 연구소의 위상에 대한 우려도 있었다. 주된 불만은 연구소가 REBT를 소홀히 대한다는 데 맞춰졌다. 이를테면, 연구소 홈페이지에서 REBT와 CBT를 동시에 언급한다는 지적, 심지어 어떤 때는 CBT를 REBT보다 앞에 표기한다는 지적이 쏟아졌다.

일련의 불미스러운 사건으로 인해서 REBT의 독창적 특징을 재평가하는 다행스러운 계기가 형성되었다. 나는 이 책을 통해서 그 과제를 수행하고 있다. 다시 한 번 강조하지만 특별한 언급이 없는 한 이 책에서 소개하는 것은 전문적 REBT다. 이 책이 전문적 REBT의 치료 효과뿐만 아니라 주요한 이론적 및 임상적 가설을 검증하는 연구를 촉발시키기를 간절히 소망한다.

Windy Dryden

London & Eastbourne

February, 2008

차 례

2부 합리적 정서행동치료: 실제적 독창성

1부

합리적 정서행동치료: 이론적 독창성

01

포스트모던 상대주의

합리적 정서행동치료(Rational Emotive Behavior Therapy: REBT)는 포스트모더니즘과 상대주의 철학의 주요 원리에 기반하고 있다. 포스트모던 상대주의에 따르면, 절대적 진실은 존재하지 않으며 이른바 '현실'은 그것이 발생한 맥락에서 이해되고 조망되어야 한다. 그러나 구성된 모든 현실이 결과적으로 동일하다는 뜻은 아니다. 오히려 정반대다. 우리는 현상에 대한 설명, 즉 구성된 현실에 의문을 품을 필요가 있다. 왜냐하면 구성된 현실은 설명된 내용보다 설명한 사람에 대해서 더 풍부한 정보를 제공하기 때문이다.

심리치료에서는 이것이 매우 중요하다. 심리치료 장면에 찾아온 내담자는 자신의 경험에 나름의 설명을 부여하고 치료자가 그 설명과 그에 수반되는 감정이 정확하다고 타당화해 주기를 원한다. 그러나 REBT 치료자는 내담자가 구성한 지각과 해석의 정확성 여부를 처음부터 따지기보다는 일단 잠정적으로 그것이 정확하다고 가정하자고 제안한다. 그렇게 하는 까닭은 내담자가 지니고 있는 신념을 파악하기 위해서다. 신념은 해석보다 강력한 영향을 미친다. 어떤 사건에 수반되는 감정을 궁극적으로 결정하는 것은 신념이다. 사실 REBT 치료자는 이렇게 이야기하고 싶은 것이다. 당신에게 벌어진 사건은 당신의 해석과 다르게 해석될 수 있으며, 진실이 무엇인지 밝히는 것은 가능하지도 않고 적절하지도 않다. 그러므로 절대적 진실에 집착하지 말고, 일단 당신의 해석이 정확하다고 가정한 채 그 사건에 대한 당신의 반응에 막강한 영향을 미치는 당신의 신념이 무엇인지 파악하고 그것을 함께 살펴보자.

이런 식으로 내담자의 반응의 핵심에 내재되어 있는 경직되고 극단적인 신념을 파악하고 나서 비로소 REBT 치료자는 구성된 현실, 즉 내담자가 사건에 부여한 해석의 정확성 여부를 다루는데, 이때 가급적 많은 자료를 수집해서 과연 그 해석이 타당한 것인지를 검증해 보도록 독려한다. Beck의 인지치료도 마찬가지 방법을 취한다. 그렇게 함으로써 치료자는 대부분의 자료에 의해서 지지되는 정확한 해석을 채택할 수 있도록 내담자를 안내한다. 이것은 어디까지나 확률에 근거하여 정확하다고 여겨지는 해석이나 예측을 채택하는 작업이므로 확률적 접근이다. 비유컨대, 내담자가 고른 것은 경주에 출전한 여러 말 중 하나에 불과하다. 이 비유가 적절한 까닭은 내담자가 선호하는 말이 항상 이기는 것은 아니기 때문이다. 그러므로 우리는 대부분의 자료에 의해서 지지되는 '확률적으로 정확한' 해석을 채택하도록 안내하면서 이와 동시에 치료자와 내담자가 틀렸을 수도 있으며 더 멋진 해석이 존재할 가능성도 있다는 점을 인식하고 논의한다. 물론 그것이 어려울 때도 있다. 요컨대, REBT 치료자는 내담자에게 벌어진 사건 자체보다는 그 사건에 대해서 내담자가 구성한 해석에 영향을 미치는 신념에 관심을 기울이는 것이다.

REBT 치료자는 치료 자체 그리고 치료의 전제에 대해서도 상대주의적 관점을 견지한다. 치료의 전제가 타당할 개연성이 있는 것이지 절대적인 것은 결코 아니며, 그것 역시 맥락에서 검토될 필요가 있다는 태도를 유지한다. 언젠가 REBT의 견해가 틀렸다는 사실이 밝혀지는 날이 올지도 모른다. REBT 치료자는 내담자가 자신과 자신의 삶을 진지하지만 너무 진지하지는 않게 대하도록 이끌어 가며, REBT 자체에 대해서도 동일한 태도를 취한다.

다음에 인용한 Jacques Barzun의 문장에서 이러한 포스트모던 상대주의 철학의 본질이 명료하게 드러난다.

> 세상은 다차원적이라는 사실을 직시하자. 만국 공통의 종교는 없으며, 만병통치약도 존재하지 않는다. 가르치고 노래하고 글짓는 유일한 방법이 있을 리 만무하며, 어떤 이에게는 이로운 음식이 다른 이에게는 해로울 수 있다. 모든 사람의 심금을 울리는 시는 현존하지 않으며, 선택받은 민족이란 표현은 허언에 불과하다. 오직 서툴러서 가엾고 불가사의하게 다양한 인생이 있을 뿐이다(1964, p. 184).

02

합리적 정서행동치료의 인간관

Hjelle와 Ziegler(1992)가 언급했듯이 모든 성격이론은 인간의 본성에 대한 나름의 관점을 제시한다. REBT의 인간관은 Ellis(1978)가 1970년대 후반에 처음 제시한 성격이론에 기초한다. 여기서는 앞 장에서 살펴본 포스트모던 상대주의 이외의 다양한 철학적 및 이론적 조망을 개관하면서 REBT가 인간의 본성을 어떻게 가정하고 있는지 소개하려고 한다. 주의할 것은 REBT의 특징은 다음 중 어떤 관점 하나로 요약되는 것이 아니라 이들의 조합으로 설명된다는 점이다.

합리적 정서행동치료의 인간관: Ziegler의 개관

Ziegler(2000)는 〈표 2-1〉과 같이 합리적 정서행동치료의 인간관을 개관하였다. 여기서 Ziegler의 견해를 소개하는 이유는 그가 REBT의 성격이론에 관한 표준교재(Hjelle & Ziegler, 1992)를 공동으로 저술한 상담자이자 이론가이기 때문이다. 비록 그의 견해가 모든 REBT 치료자의 생각을 대변하는 것은 아니지만, 국제적으로 주목받는 학자의 권위에 기대어 요점을 설명하겠다.

Hjelle와 Ziegler(1992)에 따르면, 모든 성격이론의 바탕에는 다음과 같은 아홉 가지 기본 질문이 깔려 있다.

자유론-결정론

인간은 내적으로 자유로운 존재인가, 아니면 외적 및 내적 요인(예: 생물학적 요인)에 의해 결정되는 존재인가?

합리성-비합리성

인간은 이성적이고 합리적인 존재인가, 아니면 비합리적인 존재인가?

전체론-요소론

인간은 모든 요인을 통합하는 전체의 관점에서 이해되어야 하는가, 아니면 개별 요인을 부각하는 요소의 관점에서 이해되어야 하는가?

기질론-환경론

인간은 기질적 요인의 영향을 더 많이 받는가, 아니면 환경적 요인의 영향을 더 많이 받는가?

가역성-비가역성

인간은 시간의 흐름에 따라서 변화하는 존재인가, 아니면 그렇지 않은가?

주관성-객관성

인간은 주관적 요인 혹은 내부적 요인의 영향을 더 많이 받는가, 아니면 객관적 요인 혹은 외부적 요인의 영향을 더 많이 받는가?

선제론-반응론

인간의 행동은 내부적 요인에 의해 선제적으로 발현되는가, 아니면 외부적 요인에 의해 반응적으로 발현되는가?

항상성-이상성

인간은 내부 긴장을 감소시키고 항상성을 유지하기 위해서 동기화되는가, 아니면 꾸준히 변화하고 자기를 실현하기 위해서 동기화되는가?

인식 가능성-인식 불가능성

인간의 본성은 충분히 인식 가능한가, 아니면 그렇지 않은가?

〈표 2-1〉 인간의 본성에 관한 아홉 가지 질문과 REBT의 가정(Ziegler, 2000)

	매우	다소	약간	보통	약간	다소	매우	
자유론		■						결정론
합리성				■				비합리성
전체론		■						요소론
기질론	■							환경론
가역성		■						비가역성
주관성	■							객관성
선제론	■							반응론
항상성				■				이상성
인식 가능성						■		인식 불가능성

현상학 및 스토아 철학의 강조

REBT는 인간을 사건 그 자체보다 사건에 대한 지각에 반응하는 존재로 간주하는 현상학적 관점에 대체로 동조한다. 또한 "인간의 고통은 사건 그 자체 때문이 아니라 사건에 대한 해석 때문에 발생한다."는 스토아 철학자 Epictetus의 견해에 동의한다. 즉, REBT는 인간이 심리적으로 건강하거나 혹은 건강하지 못한 까닭으로 인지(cognition)의 중요성을 강조한다. 4장에서 분명히 언급히겠지만, REBT가 심리장애의 원인으로 특히 주목하는 인지는 경직되고 극단적인 신념이다. 현상학 및 스토아 철학에서는 이것을 강조하지 않는다. 그러므로 REBT는 Epictetus의 견해를 다음과 같이 발전시킨 것이다.

> 인간의 심리적 고통은 사건 그 자체 때문이 아니라 사건에 대한 경직되고 극단적인 신념 때문에 발생한다.

REBT가 인지적 요소를 강조한다는 점은 명칭에서도 잘 드러난다. 처음에는 합리적 치료(Rational Therapy, 1955)라고 부르다가 중간에 합리적 정서치료(Rational Emotive Therapy, 1962)로 바뀌었고 지금은 합리적 정서행동치료(Rational Emotive Behavior Therapy, 1993)라고 부르고 있다. 인지적 요소를 강조하는 '합리적'이라는 표현은 꾸준히 유지되고 있다.

정서적 요소 및 체험적 요소의 강조

REBT는 앞에서 언급한 Epictetus의 견해에 동의하지만, 인간은 삶의 역경에 처할 때 감정적인 반응을 하지 않으려고 노력해야 한다는 스토아 철학의 또 다른 주장에는 동조하지 않는다. REBT는 정서적 요소를 매우 강조하며, 인간이 중요한 생활 사건을 겪을 때 강렬한 긍정 정서나 부정 정서를 체험하는 것은 오히려 바람직하다고 주장한다. 여기서 그것이 건강한 반응이라면 강렬한 긍정 정서뿐만 아니라 부정 정서를 체험하는 것도 자연스럽다는 견해에 주목할 필요가 있다. 예컨대, 사랑하는 사람의 상실과 같은 삶의 역경을 겪은 사람이 강렬한 슬픔을 느끼는 것은 건강하고 자연스러운 반응이다. 8장에서 REBT가 건강한 부정 정서와 건강하지 못한 부정 정서를 어떻게 구분하는지 상세히 설명하겠다. 합리적 치료를 합리적 정서치료로 개명한 이유는 많은 사람이 우리가 정서적 요소를 간과하고 있다고 오해했기 때문이다. 하지만 그때도 그렇지 않았고 지금도 그렇지 않다.

REBT는 체험적 요소를 강조하는 심리치료로서 내담자의 충분한 정서적 체험을 중시한다. 비록 건강하지 못한 부정 정서를 충분히 체험하는 것 자체가 치료적이지는 않지만, 그 감정의 이면에 존재하는 비합리적 신념을 파악하는 데 유익하기 때문이다.

행동적 요소의 강조

Ellis가 1993년에 RET를 REBT로 개칭한 이유도 그가 행동적 요소를 간과한다는 잘못된 이해가 만연했기 때문이다. REBT는 인간이 개인적으로 의미를 두는 삶의 목표를 적극적으로 추구할 때 가장 행복하다고 주장한다. 반대로 심리장애를 갖고 있는 내담자는 그것을 더욱 악화시키는 방향으로 행동하기 때문에 문제가 된다고 생각한다.

심리적 요소의 상호작용

지금까지 REBT가 강조하는 인지적 · 정서적 · 행동적 요소를 살펴보았다. 그런데 REBT가 더욱 강조하는 것은 이러한 심리적 요소들 사이의 상호작용이다. 인지와 정서와 행동은 별개의 요소가 아니며 서로 영향을 주고받는 중첩된 심리적 시스템이다. 예컨대, 치료자가 어떤 인지에 주목하는 것은 이와 연관된 정서(감정 반응) 및 행동(행동 반응 혹은 행동 경향성)에도 주목하는 것이다(Ellis, 1994). 사실 REBT는 초창기부터 심리적 요소들 사이의 상호작용을 강조해 왔다(Ellis, 1962). Ellis는 세 가지 요소 모두 치료적 변화의 표적이 되어야 하며, 특히 행동의 변화가 수반되지 않는 인지 및 정서의 변화는 일시적 변화일 뿐이라고 주장해 왔다(Ellis, 1962). REBT가 인지의 변화만 강조하고 행동의 변화를 간과한다는 비판은 명백한 오해다.

정신분석적 색채

Ellis가 정신분석치료에 대한 부분적인 불만족으로 인해 REBT를 주창한 것은 사실이지만 정신분석치료의 지혜를 모두 부정하는 것은 결코 아니다. REBT는 인간이 무의식적 사고의 영향을 받는다는 정신분석치료의 주장에 동의한다. 다만, 인간의 삶에 영향을 미치는 무의식적 사고를 얼마나 쉽게 포착할 수 있느냐 하는 점에서 견해가 다르다. 정신분석치료는 삶의 밑바닥에 깊이 깔려 있는 무의식을 의식화하려면 상당히 많은 시간이 필요하다고 전제하지만, REBT는 그것을 상대적으로 쉽게 포착하고 의식화할 수 있다고 가정한다.

또한 REBT는 인간이 위협으로부터 자아를 보호하기 위해 방어기제를 동원한다는 정신분석치료의 주장(Freud, 1937)에 동의한다. 다른 점은 REBT는 인간이 자아와 무관한 개인적 영역까지도 위협으로부터 보호하기 위해 방어적 노력을 시도한다고 주장하는 것이다.

구성주의적 색채

Ellis(1994)는 REBT가 구성주의 인지치료의 하나라고 주장해 왔다. REBT는 인간이 비합리적 신념을 구성하는 적극적인 존재라는 점과 비합리적으로 왜곡된 추론이 흔히 정서장애를 초래한다는 점을 무엇보다 강조하는데, 여기서 구성주의적 색채가 드러난다. 이에 대해서는 14장에서 상세하게 설명하겠다.

실존주의 및 인본주의적 색채

대개의 인지행동치료(Cognitive Behavior Therapy: CBT)와 달리 REBT는 본질적으로 실존주의 및 인본주의적 관점을 견지한다. REBT는 인간을 '살아 있는 인간이라는 이유만으로 소중하게 여겨야 하는 전체적이고 목적지향적인 존재, 한계를 지니고 있음에도 불구하고 무조건적으로 수용해야 하는 존재'로 간주하며, 특히 개인의 경험과 가치 그리고 자기실현 경향성에 주목한다(Ellis, 1980a, p. 327). 또한 REBT는 인간의 관심사(자기 및 사회에 대한)를 신의 관심사보다 우위에 두고, 인간을 물질이나 동물보다 우선시한다는 점에서 윤리적 인본주의를 지향한다.

일반 의미론적 색채

일반 의미론(General semantics theory)은 인간이 자신과 타인에게 적용한 언어의 영향을 받는 존재라고 주장하며, 부정확한 언어를 사용하는 것이 심리장애의 원인이라고 가정한다(Korzybski, 1933). 따라서 일반 의미론과 REBT는 과잉일반화, 흑백논리, 단정적 표현과 같은 부정확한 언어를 밝혀내서 수정하려고 한다는 점에서 공통의 목표를 추구한다.

앞에서 언급한 바와 같이 REBT는 심리적 사건이 다양한 요소들 사이의 상호작용에 의해서 발생한다고 간주하며 정서와 행동을 간과하지 않는다. S. Nielsen(2006, 개인적 교신)은 다음과 같이 말하고 있다.

> 언어를 조사하면 상징적 언어에 내포되어 있는 경직된 비합리적 신념을 더 쉽게 탐색하고 조작할 수 있다. 예컨대, '반드시(should)'라는 언어에 항상 경직된 신념이 내포되어 있는 것은 아니지만(예: "4월

30일에 반드시 비가 올 것이다."), 만약 '반드시'라는 언어가 '의무(must)'와 동의어로 사용되었다면 그것은 경직된 신념의 표지다. 내담자가 사용하는 다음과 같은 단어나 문구—반드시, 마땅히, 당연히, ~해야 한다, ~이어야 한다, ~할 필요가 있다, ~하기로 되어 있다, 끔찍한, 지긋지긋한, 비참한, 견딜 수 없는, 좋은 사람, 나쁜 사람, 바보, 성자 등—는 그의 독특한 신념을 반영하며 모두 유용한 치료적 개입의 지점이 될 수 있다.

하지만 이러한 언어는 비합리적 신념의 존재를 암시하는 표지일 뿐이다. 내담자가 비합리적인 것처럼 보이는 언어를 사용한다고 해서 필연적으로 그가 비합리적으로 생각한다고 단정할 수는 없다는 뜻이다. 일반 의미론의 비유처럼 지도는 영토가 아니기 때문이다. REBT 치료자는 언어 그 자체보다 언어의 밑바닥에 깔려 있는 의미에 주목한다. 그렇긴 해도 내담자가 더욱 신중하게 언어를 구사하도록 돕는다면 더욱 합리적으로 생각하게 되는 치료 효과가 있을 것이라는 점은 인정할 수 있겠다.

REBT와 일반 의미론의 차이는 이렇다. REBT는 부정확한 언어(예: "그놈은 바보야.")가 흔히 경직된 신념에서 비롯된다는 점을 강조하며, 경직된 신념을 유연한 신념으로 먼저 변화시키면 더 정확한 언어를 구사하는 것이 훨씬 수월해진다고 가정한다. 이에 대해서는 21장에서 다시 설명하겠다. 또한 REBT는 내담자가 더 정확하게 생각하도록 이끄는 과정에서 행동이 차지하는 역할을 일반 의미론보다 더 강조한다.

체계이론적 색채

REBT는 인간을 맥락에서 이해해야 한다는 심리치료의 체계이론에 동의한다. 즉, REBT는 인간이 자신을 둘러싼 대인관계 체계의 영향을 받으며 동시에 그것에 영향을 미치는 존재라고 간주한다. 그러나 REBT는 내담자가 속해 있는 체계와 대인관계 환경은 그의 심리장애에 영향을 미칠 뿐 심리장애를 궁극적으로 결정하는 것은 아니라고 주장한다. 3장에서 언급할 REBT의 기본 관점은 다음과 같다.

> "인간의 심리적 고통은 그를 둘러싼 체계 자체 때문이 아니라 그 체계에 대한 경직되고 극단적인 신념 때문에 발생한다."

종교에 대한 태도

REBT는 종교를 반대하지 않는다. REBT가 거부하는 것은 극단적인 종교성이다. Ellis는 확률적 무신론자였지만 종교적 신념이 심리치료의 효과를 저해하는 것은 아니라고 생각했다. 종교적 신념이 심리치료를 방해하는 유일한 경우는 치료자가 자신의 독실한 종교적 신념을 내담자에게 강요하는 사례다. 여기서 치명적인 문제를 유발하는 것은 종교적 신념의 내용 자체가 아니라 극단성이다. REBT 이론을 맹신하는 것이 빈치료적인 것과 마찬가지로 치료 과정에 극단적인 종교적 신념이 끼어드는 것은 반치료적이므로 주의해야 한다. 다시 언급하지만 종교가 아니라 종교성이 문제다(Ellis, 1983a).

REBT에는 종교적 색채도 반영되어 있다. 예컨대, 7장과 10장에서 살펴볼 타인수용의 원리는 죄는 미워하되 죄인은 수용하라는 기독교의 가르침과 상통한다. 물론 REBT에서는 바람직하지 못한 행동을 범한 사람을 죄인이라고 명명하는 것 자체가 문제라고 여기기는 하지만 말이다.

03

합리적 정서행동치료의 ABC 모형

ABC 모형은 대부분의 CBT에서 활용되고 있다. 일반적으로 A는 내담자에게 일어난 사건이고, B는 그 사건에 대한 내담자의 신념이며, C는 내담자가 B라는 신념을 붙들었기 때문에 생기는 대체로 정서적인 결과를 의미한다.

REBT는 더욱 정교한 ABC 모형을 발전시켜 왔는데, 이것을 상황적 ABC 모형이라고 부른다. ABC의 각 요소는 어떤 상황적 맥락에서 드러난다. A는 내담자의 반응(즉, C)을 불러일으킨 사건이고, C는 내담자의 반응이며, B는 내담자가 A라는 사건에 대해 붙들고 있는 신념으로서 그의 반응인 C의 대부분을 설명한다. 이를 자세히 살펴보면 다음과 같다.

1. 본질적으로 A는 추정된 것이다. 추정(inference)은 현실에 대한 예측이나 해석인데, 내담자가 확보한 자료는 한정되어 있으므로 추정은 정확할 수도 있고 정확하지 못

할 수도 있다. 인지치료의 창시자인 Aaron T. Beck(1976)은 다양한 감정과 관련된 가장 유명한 추정을 제시하였고, Dryden(2002) 같은 REBT 치료자는 Beck의 작업에 의지하여 대표적인 정서장애 C와 연관된 추정 A를 이끌어 냈다. 예컨대, 불안(C)이라는 정서는 위협(A)이라는 추정과 연관되고, 우울이라는 정서는 상실이라는 추정과 연합되며, 분노라는 정서는 규칙의 위반이라는 추정과 밀접한 관련이 있다.

2. 앞으로 살펴볼 신념 B는 비합리적(즉, 경직성, 극단성)일 수도 있고 합리적(즉, 유연성, 비극단성)일 수도 있다.
3. 반응 C는 신념 B의 결과를 뜻한다. 결과는 세 가지 유형, 즉 정서적 결과, 행동적 결과(행동 반응 혹은 행동 경향성), 인지적 결과로 구분된다.

REBT의 독특한 ABC 모형은 다소 복잡한데, 잘 살펴보면 인지가 모형의 모든 요소와 관련되어 있다는 것을 알 수 있다. 추정의 형태를 띠는 인지는 A와 C에서, 신념의 형태를 띠는 인지는 B에서 나타난다. 다음 예를 통해 이해할 수 있다.

A: "왜 이러지? 호흡이 내 마음대로 조절되지 않네." (A에 해당하는 추정)

B: "지금 당장 호흡을 조절해야 한다. 만약 호흡을 조절하지 못하면 끔찍한 일이 벌어질 것이다." (B에 해당하는 비합리

적 신념)

C: "만약 호흡을 조절하지 못하면 공황발작으로 죽을 것이다."

(C에 해당하는 추정)

4장과 5장에서 REBT가 ABC 모형의 이해와 발전에 독창적으로 기여한 부분을 설명하겠다. 그것은 B에 해당하는 신념을 합리적 신념과 비합리적 신념으로 구분한 데 있다.

04

경직성: 심리장애의 핵심

심리장애가 발생하는 원인을 정확하게 밝혀야 효과적인 심리치료가 가능하다. REBT는 심리장애가 사건 그 자체 때문이 아니라 사건에 대한 경직되고 극단적인 신념 때문에 발생한다고 가정한다. 이것은 Epictetus의 유명한 명제(즉, '인간의 고통은 사건 그 자체 때문이 아니라 사건에 대한 해석 때문에 발생한다.')를 발전시킨 것으로서, REBT가 경직된 신념을 심리장애의 근본 원인으로 간주하고 있음을 보여 준다. 다른 문헌에서는 경직성(rigidity)을 종교성(religiosity), 교조성(dogmatism), 절대성(absolutism), 강제성(demandingness) 등으로 묘사하기도 한다. 경직된 신념은 의무, 요구, 당위, 필수의 요소를 지니고 있으며, '반드시 ~해야 한다.' 혹은 '당연히 ~이어야 한다.'의 형태로 드러난다. 이렇게 경직된 신념은 자기, 타인, 인생이라는 세 가지 영역에 걸쳐 있다.

- "나는 반드시 ~해야 한다."
- "당신은 반드시 ~해야 한다."
- "인생은 반드시 ~해야 한다."

대개 경직된 신념은 개인적 소망에서 비롯된다. 소망을 품는 것은 인간의 본성이다. 인간은 무언가를 선호하기도 하고 무언가를 혐오하기도 한다. 즉, 인간은 순전히 자신이 세상에 대해 구성한 추정으로만 살아가는 것은 아니라는 뜻이다. 오히려 인간은 자신의 추정을 신념으로 붙든다. 다시 말해 인간은 추정에 대해 긍정적 태도 혹은 부정적 태도를 견지하는 것이다. REBT에 따르면, 우리의 감정과 행동에 더욱 강력한 영향을 미치는 것은 추정이 아니라 신념이다.

선호도는 경우에 따라 달라서 약할 수도 있고 강할 수도 있다. 그런데 무언가에 대한 선호가 강하면 강할수록, 인간은 선호를 경직성으로 변질시키는 경향이 있다. 테니스 시합에서 이기고 싶은 소망이 미약할 때는 경직된 신념으로 변질될 가능성이 적지만, 이기고 싶은 소망이 강력할 때는 경직된 신념('나는 정말로 시합에서 이기고 싶다. 그러므로 나는 반드시 이겨야 한다.')으로 변질될 가능성이 크다. 물론 항상 그런 것은 아니므로 이러한 견해 역시 유연하게 받아들일 필요가 있다. 특히 REBT는 경직성과 선호도는 명백하게 다른 성질의 개념이라고 설명한다. 예컨대, 앞 문장에 '정말로'를 여러 차례 덧붙인다고 해서 곧바로 경직성을 띠게 되는 것은 아니다. 즉, 경직성은 '나는 정말로, 정말로, 정말

로, 정말로, 너무, 너무, 너무 시합에서 이기고 싶다.'는 소망 자체가 아니라 '나는 반드시 이겨야 한다.'는 신념에서 완성된다. 교조적이지 않은 소망을 교조적인 경직성으로 자의적으로 변질시키는 것은 인간이다.

경직된 신념을 붙들고 있을 때, 인간은 자신이 소망하는 어떤 사건이 발생하게 만들려고 지나치게 노력한다. 만약 경직된 신념이 소망하는 사건을 발생하도록 만든다면, 인간이 그 신념을 붙드는 이유가 충분히 납득된다. 예컨대, 어떤 사람이 '나는 반드시 운전면허시험에 합격해야 한다.'는 경직된 신념을 붙들고 있다면, 그는 운전면허시험에 당연히 합격하리라고 확신할 것이고, 더 나아가서 이러한 신념을 붙드는 것은 지극히 합리적인 일로 여겨진다. 하지만 불행하게도 경직된 신념을 붙드는 것 자체가 현실에 영향을 미치지는 못한다. 그것은 오직 현실에 대한 반응에 영향을 미칠 뿐이다.

역으로, 경직된 신념을 붙드는 것은 자신이 소망하지 않는 어떤 사건이 발생하지 않게 만들려고 노력하는 것과 같다. 심지어 그러한 사건이 정말로 발생하지 않을지 확신할 수 없음에도 불구하고 말이다. 예컨대, 어떤 사람이 '나는 반드시 운전면허시험에 합격해야 한다.'는 경직된 신념을 붙들고 있다면, 그는 운전면허시험에 불합격하는 사건이 벌어지지 않게 하려고 노력할 것이다. 하지만 경직된 신념은 현실과 일치하지 않는다. 왜냐하면 현실은 언제나 확률적 가능성을 열어 두고 있기 때문이다. 우리가 소망하는 사건은 발생할 수도 있고 발생하지 않을 수도 있다.

그런데 우리는 불합격하는 것을 예상하기만 해도 불편해진다. 만약 운전면허시험에 반드시 합격해야 한다는 믿음 자체가 정말로 불합격할 가능성을 배제한다면, 불합격에 대해서 전혀 염려할 필요가 없을 것이다. 왜냐하면 그런 일은 절대로 발생하지 않을 것이라고 확신할 수 있기 때문이다. 그러므로 경직된 신념을 붙들고 있음에도 불합격할 가능성을 염려한다는 것은 오히려 자신의 경직된 믿음을 확신하지 않는다는 뜻이다.

05

유연성: 심리적 건강의 핵심

모든 심리치료 이론은 명시적 혹은 암묵적으로 심리적 건강에 기여하는 요인을 제시한다. 심리장애의 핵심이 경직성이라면, 심리적 건강의 핵심은 유연성이다. 따라서 주지의 명제는 '사건에 대해 유연한 신념을 적용하는 인간은 사건에 건강하게 반응한다.'로 적절히 변형된다. 이에 따르면, 인지는 심리장애를 초래하는 경직된 신념과 심리적 건강에 기여하는 유연한 신념으로 구분된다. 유연성(flexibility)은 교조적이지 않은 형태의 선호, 소망, 욕구, 필요와 같은 인간의 기본 속성을 의미한다. 유연한 신념은 두 가지로 구성된다. 첫째, 우리는 어떤 사건이 발생하거나 혹은 발생하지 않기를 바라는 선호를 지니고 있다. 나는 이것을 '주장된 선호'라고 부른다. 둘째, 우리는 그러한 선호가 항상 충족되지는 않는다는 사실을 알고 있다. 나는 이것을 '거부된 선호'라고 부른다. 경직된 신념과 마찬가지로 유연한 신념도 자기, 타인, 인생이라는 세 가지 영역에 걸쳐 있다.

- "나는 ~가 발생하기를(혹은 발생하지 않기를) 소망한다. 그러나 내가 항상 그런 소망을 충족시킬 수 있는 것은 아니다."
- "나는 당신(혹은 타인)이 ~하기를 소망한다. 그러나 당신이 항상 내가 소망하는 대로 따라야 하는 것은 아니다."
- "나는 인생이 ~하기를 소망한다. 그러나 인생이 항상 내가 소망하는 대로 펼쳐지는 것은 아니다."

유연한 신념을 지니고 있을 때, 우리는 자신이 소망하는 것을 명확히 파악할 수 있으며 타인에게도 적절히 전달할 수 있다. 또한 경직된 신념을 붙들고 있을 때와 달리 우리는 어떤 사건이 일어나게 만들려고 지나치게 노력하지는 않는다. 오히려 현실적인 태도를 취하게 되는데, 그 까닭은 유연한 신념의 두 가지 요소 모두 현실과 부합하기 때문이다. 대체로 자신이 어떤 선호를 가지고 있다는 사실을 수긍할 수 있으며, 그 선호가 항상 충족되지는 않는다는 사실도 수긍할 수 있다. 즉, 유연한 신념('나는 운전면허시험에 합격하기를 소망한다. 하지만 반드시 합격할 수 있는 것은 아니다.')을 지니고 있을 때, 우리는 시험에 합격하기를 바라는 선호를 왜 그것이 필요하고 유익한지 설명하면서 수긍할 수 있으며('대중교통에 의존하지 않아도 되니까.', '주말에 장거리 여행을 떠날 수 있으니까.'), 그러한 신념을 지니는 것 자체가 시험의 합격을 반드시 보증하지는 못한다는 사실까지도 수긍할 수 있다.

또한 유연한 신념을 지니고 있을 때, 우리는 어떤 사건이 일어나지 않게 만들려고 지나치게 노력하지도 않는다. 현실적 가능성을 받아들이는 것이다. 즉, '나는 운전면허시험에 합격하기를 소망한다. 하지만 반드시 합격할 수 있는 것은 아니다.'라는 유연한 신념을 지니고 있을 때는 불합격의 가능성을 배제하려고 과도하게 애쓰지 않게 되며, 오히려 그것까지 수용하게 된다. 이와 같이 유연한 신념은 우리가 선호하지 않는 사건도 언제든지 일어날 수 있다는 엄연한 현실과 부합한다.

06

극단적 신념: 경직된 신념의 파생물

경직된 신념에서 파생된 극단적 신념을 세 종류(파국화 신념, 감내 불능 신념, 비하적 신념)로 구분하는 것은 REBT만의 독특한 특징이다. 지금부터 각 신념을 자세히 살펴보겠다.

파국화 신념

파국화(awfulising) 신념은 경직된 소망이 충족되지 않을 때 경험하는 고통을 '끔찍한' 것으로 여기는 신념이다. 파국화 신념은 현실과 부합하지 않는 경직된 신념에서 파생된 극단적인 것이다. 다음의 예에서 괄호 안의 문장이 경직된 소망, 괄호 밖의 문장이 파국화 신념에 해당한다.

- "(나는 반드시 인정을 받아야 한다.) …… 내가 인정받지 못하

는 것은 끔찍한 일이다."

- "(당신은 반드시 나를 존중해야 한다.) …… 당신에게 존중받지 못하는 것은 엄청난 일이다."
- "(인생은 반드시 순조로워야 한다.) …… 인생이 순조롭지 못한 것은 고약한 일이다."

파국화 신념은 자신이 원하지 않는 나쁜 사건은 절대로 발생하지 않아야 한다는 경직된 소망에서 비롯되며, 다음과 같은 믿음이기 때문에 극단적이다.

1. 어떤 사건도 이것보다 더 끔찍할 수 없다.
2. 이런 사건은 엄청나도 너무 엄청나다.
3. 이런 고약한 사건에서는 얻을 것이 아무것도 없다.

감내 불능 신념

감내 불능(low frustration tolerance) 신념은 경직된 소망이 충족되지 않을 때 경험하는 고통을 '견딜 수 없는' 것으로 여기는 신념이다. 감내 불능 신념은 현실과 부합하지 않는 경직된 신념에서 파생된 극단적인 것이다. 다음의 예에서 괄호 안의 문장이 경직된 소망, 괄호 밖의 문장이 감내 불능 신념에 해당한다.

- "(나는 반드시 인정을 받아야 한다.) …… 나는 인정받지 못하는 것을 견딜 수 없다."
- "(당신은 반드시 나를 존중해야 한다.) …… 나는 당신에게 존중받지 못하는 것을 참을 수 없다."
- "(인생은 반드시 순조로워야 한다.) …… 나는 인생이 순조롭지 못한 것을 감당할 수 없다."

감내 불능 신념은 불편하거나 좌절할 만한 사건은 절대로 발생하지 않아야 한다는 경직된 소망에서 비롯되며, 다음과 같은 믿음이기 때문에 극단적이다.

1. 좌절감과 불편감이 지속되는 것을 견딜 수 없고 아무것도 할 수 없을 것이다.
2. 좌절감과 불편감이 지속되는 것을 참을 수 없고 죽거나 망가질 것이다.
3. 좌절감과 불편감이 지속되는 것을 감당할 수 없고 전혀 행복할 수 없을 것이다.

비하적 신념

비하적(depreciation) 신념은 경직된 소망이 충족되지 않을 때 고통을 겪으면서 자기와 타인과 인생을 깎아 내리고 '비참하게'

여기는 신념이다. 앞의 신념과 마찬가지로 비하적 신념도 현실과 부합하지 않는 경직된 신념에서 파생된다. 다음 예의 괄호 안 문장이 경직된 소망, 괄호 밖 문장이 비하적 신념에 해당한다.

- "(나는 반드시 인정을 받아야 한다.) …… 인정받지 못하는 나는 무가치한 존재다."
- "(당신은 반드시 나를 존중해야 한다.) …… 존중하지 않는 당신은 파렴치한 존재다."
- "(인생은 반드시 순조로워야 한다.) …… 순조롭지 못한 인생은 비난받아 마땅하다."

비하적 신념은 자기, 타인, 인생이 모두 자신의 경직된 소망에 완벽하게 부합해야 한다는 경직된 신념에서 비롯되며, 다음과 같은 믿음이기 때문에 극단적이다.

1. 사람(자기 혹은 타인)의 본질은 수치로 환산할 수 있으며, 사람의 가치는 상황에 따라 달라진다(예: 인정받으면 가치가 높아지고, 인정받지 못하면 가치가 낮아진다.).
2. 인생의 본질은 수치로 환산할 수 있으며, 인생의 가치는 사건에 따라 달라진다(예: 존중받으면 가치가 높아지고, 존중받지 못하면 가치가 낮아진다.).
3. 사람과 인생의 가치는 한 가지 측면만 가지고도 충분히 수치를 매길 수 있다.

07

비극단적 신념: 유연한 신념의 파생물

경직된 신념의 파생물인 극단적 신념을 내용에 따라 구분하듯이, 유연한 신념의 파생물인 비극단적 신념도 세 종류로 분류된다. 항파국화 신념, 감내 가능 신념, 수용적 신념 순서로 상세히 설명하겠다.

항파국화 신념

항파국화(anti-awfulising) 신념은 비교조적 선호가 충족되지 않을 때 경험하는 고통을 '비록 힘들지만 끔찍하지는 않은' 것으로 여기는 신념이다. 항파국화 신념은 현실과 부합하는 유연한 신념에서 비롯된 것이므로 극단적이지 않다. 다음의 예에서 괄호 안의 문장이 비교조적 선호, 괄호 밖의 문장이 항파국화 신념에 해당한다.

- "(나는 인정받고 싶지만, 항상 인정받을 수 있는 것은 아니다.) …… 인정받지 못하는 것은 힘들지만, 끔찍한 것은 아니다."
- "(당신에게 존중받고 싶지만, 당신이 항상 나를 존중해야 하는 것은 아니다.) …… 존중받지 못하는 것은 아프지만, 엄청난 것은 아니다."
- "(인생이 순조롭기를 바라지만, 인생이 항상 그렇게 펼쳐지는 것은 아니다.) …… 인생이 순조롭지 못한 것은 고약하지만, 세상이 끝장난 것은 아니다."

항파국화 신념의 2요소

항파국화 신념을 주의 깊게 살펴보면, 두 가지 요소로 구성되어 있다.

① 고통의 예견

항파국화 신념의 전반부를 구성하는 첫 번째 요소는 선호가 충족되지 않았을 때 경험할 고통을 의미한다. 다음에 예시하였다.

- "인정받지 못하는 것은 힘들지만, ……."
- "존중받지 못하는 것은 아프지만, ……."
- "인생이 순조롭지 못한 것은 고약하지만, ……."

② 파국화의 중단

항파국화 신념의 후반부를 구성하는 두 번째 요소는 비록 선호가 충족되지 않아서 고통스럽기는 하지만 그것이 끔찍하지도 않고, 엄청난 일도 아니며, 세상이 끝장난 것도 아니라는 점을 인식하는 것이다. 다음의 예에서 밑줄 친 부분에 해당한다.

- "인정받지 못하는 것은 힘들지만, 끔찍한 것은 아니다."
- "존중받지 못하는 것은 아프지만, 엄청난 것은 아니다."
- "인생이 순조롭지 못한 것은 고약하지만, 세상이 끝장난 것은 아니다."

항파국화 신념은 자신이 원하지 않는 나쁜 사건이 발생하지 않기를 바라는 비교조적 선호에서 비롯되며, 혹시 그런 사건이 발생하더라도 그렇게 끔찍하지는 않을 것이라고 생각하는 것이다. 다음과 같은 믿음이기 때문에 극단적이지 않은 신념이다.

1. 힘든 사건도 언제든지 일어날 수 있다.
2. 이런 사건이 엄청난 것은 아니다.
3. 이런 사건에서도 얻을 것이 있다.

감내 가능 신념

감내 가능(high frustration tolerance) 신념은 비교조적 선호가 좌절되었을 때 경험하는 고통을 '비록 어렵지만 견더 낼 수 있는'

것으로 여기는 신념이다. 감내 가능 신념은 현실과 부합하는 유연한 신념에서 비롯된 것이므로 극단적이지 않다. 다음의 예에서 괄호 안의 문장이 비교조적 선호, 괄호 밖의 문장이 감내 가능 신념에 해당한다.

- "(나는 인정받고 싶지만, 항상 인정받을 수 있는 것은 아니다.) …… 인정받지 못하면 힘들겠지만, 나는 고통을 견뎌 낼 수 있다. 고통을 감내하는 것은 중요하다. 왜냐하면 인정받지 못할까 봐 걱정하면서 살고 싶지는 않기 때문이다."
- "(당신에게 존중받고 싶지만, 당신이 항상 나를 존중해야 하는 것은 아니다.) …… 존중받지 못하면 몹시 아프겠지만, 나는 아픔을 감당할 수 있다. 아픔을 감당하는 것은 중요하다. 왜냐하면 당신의 행동에 연연하고 싶지는 않기 때문이다."
- "(인생이 순조롭기를 바라지만, 인생이 항상 그렇게 펼쳐지는 것은 아니다.) …… 인생이 순조롭지 못하면 고약하겠지만, 나는 그것을 버텨 낼 수 있다. 버티려고 노력하겠다. 왜냐하면 그것이 인생이기 때문이다."

감내 가능 신념의 3요소

감내 가능 신념을 주의 깊게 살펴보면, 세 가지 요소로 구성되어 있다.

① 분투의 예견

감내 가능 신념의 서두를 구성하는 첫 번째 요소는 선호가 좌절되면 견디기 힘든 고통을 경험할 것이라는 예상을 의미한다. 다음에 예시하였다.

- "인정받지 못하면 힘들겠지만, ……."
- "존중받지 못하면 몹시 아프겠지만, ……."
- "인생이 순조롭지 못하면 고약하겠지만, ……."

② 감내력의 확인

감내 가능 신념의 중간을 구성하는 두 번째 요소는 선호가 좌절되면 비록 견디기 힘든 고통을 경험하겠지만 종국에는 고통을 감내할 수 있을 것이라는 확신을 의미한다. 다음의 예에서 밑줄 친 부분에 해당한다.

- "인정받지 못하면 힘들겠지만, 나는 고통을 견뎌 낼 수 있다."
- "존중받지 못하면 몹시 아프겠지만, 나는 아픔을 감당할 수 있다."
- "인생이 순조롭지 못하면 고약하겠지만, 나는 그것을 버텨 낼 수 있다."

③ 감내의 가치

감내 가능 신념의 후미를 구성하는 세 번째 요소는 선호가 좌절되었을 때 경험하는 고통을 감내하는 것이 중요하다는 점을 인식하는 것이다. 또한 고통을 감내하는 것이 왜 가치 있는 노력인지 그 까닭을 밝히는 것도 포함된다. 다음의 예에서 밑줄 친 부분에 해당한다.

- "인정받지 못하면 힘들겠지만, 나는 고통을 견뎌 낼 수 있다. 고통을 감내하는 것은 중요하다. 왜냐하면 인정받지 못할까 봐 걱정하면서 살고 싶지는 않기 때문이다."
- "존중받지 못하면 몹시 아프겠지만, 나는 아픔을 감당할 수 있다. 아픔을 감당하는 것은 중요하다. 왜냐하면 당신의 행동에 연연하고 싶지는 않기 때문이다."
- "인생이 순조롭지 못하면 고약하겠지만, 나는 그것을 버텨 낼 수 있다. 버티려고 노력하겠다. 왜냐하면 그것이 인생이기 때문이다."

감내 가능 신념은 불편하거나 좌절할 만한 사건이 발생하지 않기를 바라는 비교조적 선호에서 비롯되며, 안타깝지만 이미 발생한 사건을 되돌릴 수는 없다는 인식을 반영한다. 다음과 같은 믿음이기 때문에 극단적이지 않은 신념이다.

1. 좌절감과 불편감이 지속되면 힘들겠지만, 버틸 수 없을 정

도로 힘들지는 않을 것이다.

2. 좌절감과 불편감이 지속되면 견디기 어렵겠지만, 죽거나 망가지지는 않을 것이다.
3. 좌절감과 불편감이 지속되면 일시적으로 행복감이 줄어들겠지만, 여전히 행복해질 수 있다.
4. 좌절감과 불편감을 감내하는 것은 가치 있는 노력이다.

수용적 신념

수용적(acceptance) 신념은 선호가 좌절되어 고통스럽더라도 선호를 반드시 충족시켜야 한다고 자신과 타인 인생에게 강요하지 않는 것을 의미한다. 수용적 신념은 비교조적 선호에서 비롯된 것이므로 극단적이지 않다. 다음의 예에서 괄호 안의 문장이 비교조적 선호, 괄호 밖의 문장이 수용적 신념에 해당한다.

- "(나는 인정받고 싶지만, 항상 인정받을 수 있는 것은 아니다.) …… 인정받지 못한 측면은 나쁘지만, 내가 무가치한 존재는 아니다. 나는 이번에 인정받지 못했다. 나는 언제든지 실수할 수 있는 인간이다."
- "(당신에게 존중받고 싶지만, 당신이 항상 나를 존중해야 하는 것은 아니다.) …… 당신이 나를 존중하지 않은 것은 잘못이지만, 당신이 나쁜 사람은 아니다. 당신은 이번에 나를 존중하

지 않은, 언제든지 실수할 수 있는 인간이다."

- "(인생이 순조롭기를 바라지만, 인생이 항상 그렇게 펼쳐지는 것은 아니다.) …… 인생이 순조롭지 못한 것은 이번에 순조롭지 못한 것이지, 그것이 곧 인생이 망가졌다는 뜻은 아니다. 세상을 살다 보면 좋은 일, 나쁜 일, 그저 그런 일이 계속 복잡하게 벌어지기 마련이다."

수용적 신념의 3요소

수용적 신념을 주의 깊게 살펴보면, 적어도 세 가지 요소로 구성되어 있다는 것을 알 수 있다.

① 자기, 타인, 사건의 일부에 대한 평가

수용적 신념의 서두를 구성하는 첫 번째 요소에는 선호가 좌절되었을 때 자기, 타인 그리고 인생에서 벌어진 사건의 일부를 평가하는 것은 가능하고 현실적이라는 인식이 담겨 있다. 다음의 예에서 밑줄 친 부분에 해당한다.

- "인정받지 못한 측면은 나쁘지만, ……."
- "당신이 나를 존중하지 않은 것은 잘못이지만, ……."
- "인생이 순조롭지 못한 것은 이번에 순조롭지 못한 것이지, ……."

② 비하의 중단

수용적 신념의 중간을 구성하는 두 번째 요소에는 선호가 좌절되었을 때 자기, 타인 그리고 인생에서 벌어진 사건의 전부를 평가하는 것은 불가능하다는 인식이 담겨 있다. 다음의 예에서 밑줄 친 부분에 해당한다.

- "인정받지 못한 측면은 나쁘지만, 내가 무가치한 존재는 아니다."
- "당신이 나를 존중하지 않은 것은 잘못이지만, 당신이 나쁜 사람은 아니다."
- "인생이 순조롭지 못한 것은 이번에 순조롭지 못한 것이지, 그것이 곧 인생이 망가졌다는 뜻은 아니다."

③ 수용의 노력

수용적 신념의 후미를 구성하는 세 번째 요소에는 특정한 선호의 충족이나 좌절 여부가 인간의 오류성과 인생의 복잡성에는 아무런 영향도 미치지 못한다는 인식이 담겨 있다. 다음의 예에서 밑줄 친 부분에 해당한다.

- "인정받지 못한 측면은 나쁘지만, 내가 무가치한 존재는 아니다. 나는 이번에 인정받지 못했다. 나는 언제든지 실수할 수 있는 인간이다."
- "당신이 나를 존중하지 않은 것은 잘못이지만, 당신이 나쁜

사람은 아니다. 당신은 이번에 나를 존중하지 않은, 언제든지 실수할 수 있는 인간이다."

- "인생이 순조롭지 못한 것은 이번에 순조롭지 못한 것이지, 그것이 곧 인생이 망가졌다는 뜻은 아니다. 세상을 살다 보면 좋은 일, 나쁜 일, 그저 그런 일이 계속 복잡하게 벌어지기 마련이다."

수용적 신념은 다음과 같은 믿음이기 때문에 극단적이지 않은 신념이다.

1. 사람(자기 혹은 타인)의 본질은 수치로 환산할 수 없으며, 사람의 가치가 상황에 따라 달라지는 것도 아니다(예: 잘하거나 못하거나에 상관없이 인간으로서 나의 가치는 동등하다.).
2. 인생(세상)의 본질은 수치로 환산할 수 없으며, 인생의 가치가 사건에 따라 달라지는 것도 아니다(예: 공평하거나 불공평하거나에 상관없이 세상은 그것대로 가치가 있다.).
3. 사람과 세상과 인생의 각 부분에 수치를 매기는 것은 납득할 수 있지만, 각 부분의 점수만으로 사람과 세상과 인생의 전체를 평가하는 것은 받아들이기 어렵다.

08

부정 정서의 구분

REBT가 정서를 구분하는 방식은 CBT와 사뭇 다르다. REBT는 대체로 부정적 색채를 띠는 정서를 건강한 부정 정서(Healthy Negative Emotions: HNEs)와 건강하지 못한 부정 정서(Unhealthy Negative Emotions: UNEs)로 구분한다. 안타깝게도 영어에는 이런 표현이 없기 때문에 치료자들이 각자 다른 용어를 사용하고 있는데, 나는 다음과 같은 용어를 선호한다(Dryden, 2002).

UNEs(건강하지 못한 부정 정서)	HNEs(건강한 부정 정서)
불안(Anxiety)	염려(Concern)
우울(Depression)	슬픔(Sadness)
죄책감(Guilt)	후회(Remorse)
수치심(Shame)	실망(Disappointment)
상처(Hurt)	비애(Sorrow)
건강하지 못한 분노(Unhealthy Anger)	건강한 분노(Healthy anger)
건강하지 못한 질투(Unhealthy Jealousy)	건강한 질투(Healthy jealousy)
건강하지 못한 시기(Unhealthy Envy)	건강한 시기(Healthy envy)

부정 정서를 UNEs와 HNEs로 구분하는 까닭은 REBT가 신념을 경직되고 극단적인 비합리적 신념(iB)과 유연하고 비극단적인 합리적 신념(rB)으로 구분하고 있다는 점에 주목하면 논리적으로 이해된다. 후자의 구분에서, REBT는 합리적 신념과 비합리적 신념이 질적으로 다르다고 가정한다. 예컨대, 한 사람이 한 가지 삶의 역경에 대해 합리적 신념을 적용하고 있는 동안에는 비합리적 신념을 적용할 수 없으며, 그 역도 마찬가지다. 최근의 REBT 이론에 따르면, 한 사람이 한 가지 부정적 촉발 사건에 대해서 합리적 신념을 적용하고 바로 다음 순간에는 동일한 촉발 사건에 대해서 비합리적 신념을 적용할 수도 있다. 하지만 합리적 신념과 그에 반하는 비합리적 신념을 동시에 붙드는 것은 불가능하다.

UNEs는 삶의 역경에 적용한 비합리적 신념에서 초래되고, HNEs는 삶의 역경에 적용한 합리적 신념에서 비롯된다. 비합리적 신념과 합리적 신념은 질적으로 다르므로, 이에 동반되는 UNEs와 HNEs도 질적으로 다르다. 예컨대, 내담자는 앞에서 제시한 목록에서 불안과 염려를 동시에 경험할 수 없다. 그렇다면 왜 REBT의 목표가 삶의 역경에 대해 불안을 경험하는 내담자가 염려를 경험하도록 돕는 것인지 잘 이해된다. CBT에서는 불안을 감소시키는 것이 적절하고 타당한 목표라고 주장하지만, REBT 치료자는 그렇게 생각하지 않는다. 왜냐하면 불안이 감소되었다는 것은 내담자가 붙들고 있는 비합리적 신념의 강도가 약해졌음을 의미할 뿐이지 그가 비합리적 신념을 합리적 신념으로 대체했음을 뜻하지는 않기 때문이다.

앞에서 언급했듯이 아직까지 우리는 UNEs와 HNEs를 정교하게 구분하는 보편적인 용어를 갖추지 못한 상태다. 따라서 REBT 치료자는 내담자가 UNEs와 HNEs를 구분할 수 있도록 도울 때 굳이 개념에만 연연하지 않는다. 치료자는 신념 그 자체뿐만 아니라 신념이 초래하는 행동적 및 인지적 결과도 활용한다. 예컨대, 내담자가 어떤 상황에서 자신이 느끼는 감정이 불안인지 염려인지 구분하기 어려워한다고 가정해 보자. 이때 당신은 내담자가 상황 A에 적용한 신념 B가 무엇인지 파악하여 C에 해당하는 감정을 정확하게 구분할 수 있다. 비합리적 신념을 적용했다면 불안이고, 합리적 신념을 적용했다면 염려일 것이다. 마찬가지로, 당신은 내담자의 감정에 동반되는 행동을 살펴봄으로써 C에 해당하는 감정을 파악할 수 있다. 위협을 회피한다면 불안이고, 위협에 직면한다면 염려일 것이다. 이어지는 생각에 주목하는 것도 좋은 방법이다. 위협적인 사건이 발생할 때 끔찍한 결과가 벌어질 것이라고 과대평가한다면 불안이고, 그 결과를 현실적으로 평가한다면 염려일 것이다.

비록 문헌에서 언급되는 빈도가 낮기는 하지만, REBT는 건강한 긍정 정서(HPEs)와 건강하지 못한 긍정 정서(UPEs)도 구분한다. 조증 상태와 같은 건강하지 못한 긍정 정서는 경직된 신념이나 여기서 파생된 극단적 신념이 충족되었을 때 나타나는 경향이 있다. 예컨대, 내가 반드시 직장에서 승진해야 한다는 신념을 지니고 있는데 실제로 승진을 한다면, 나는 소망을 성취한 것은 정말 대단한 일이라고 결론지으면서 조증 상태에 빠져 전능감을 경험할 것이다. 조증 상태에서 느끼는 감정은 비록 긍정적 색채를 띠기는 하지만 건강하지 못한 정서다. 왜냐하면 이로 인해서 억제되지 못한 과잉행동이 초래되기 때문이다.

이에 반해 기쁨과 같은 건강한 긍정 정서는 유연한 신념이나 여기서 파생된 비극단적 신념이 충족되었을 때 나타나는 경향이 있다. 예컨대, 내가 승진하기를 원하지만 반드시 승진해야 하는 것은 아니라는 신념을 지니고 있는데 실제로 승진을 한다면, 나는 소망을 성취한 것은 즐거운 (하지만 대단하지는 않은) 일이라고 결론지으면서 기쁨을 경험할 것이다. 기쁨은 긍정적 색채를 띠는 건강한 정서다. 왜냐하면 억제되지 못한 과잉행동이 아니라 적절한 축하행동을 유도하기 때문이다.

09

추정이 왜곡되는 이유

숙련되지 않은 REBT 치료자는 내담자의 왜곡된 추정을 이해하는 데 어려움을 겪는다. 치료를 위해서 일단 내담자가 자신의 추정이 잠정적으로 정확하다고 가정하도록 이끌어야 하는 절차는 알고 있지만, 내담자의 추정이 심히 왜곡되어 있다는 점이 확연히 드러나면 어떻게 개입해야 할지 몰라서 임상적 난관에 봉착한다. 예컨대, 내담자가 지난밤에 공황발작을 경험했다고 보고하는 장면을 상상해 보자. 당연히 초보 REBT 치료자는 내담자가 어떤 사건에 공황발작으로 반응했는지 확인하려고 질문할 것이고, 내담자는 공황발작 때문에 죽을 것 같았다고 대답할 것이다. 이것은 추정이다. 따라서 초보 치료자는 그 추정에 도전하기보다는 일단 공황발작 때문에 죽을 것 같았다는 내담자의 추정이 잠정적으로 정확하다고 가정하도록 이끌면서 추정 A와 관련된 내담자의 비합리적 신념을 포착하여 논박하려고 시도할 것이다. 그런데 어떻게 보면 그것이 A이지만, 다른 각도에서 보면 그것은 덜 왜곡된 추정 A에 대해 비합리적 신념을 적용하여 생겨난 인지적 결과(즉, C)이기도 하다. 특히 앞 사례에서 임상적으로 더 효율적인 관점은 내담자의 추정을 A가 아니라 C로 간주하는 것이다. REBT의 개념화에 따르면, 심히 왜곡된 추정은 상대적으로 덜 왜곡된 추정 A에 대해서 경직되고 극단적인 비합리적 신념을 적용했기 때문에 발생한 인지적 결과(즉, C)로 간주하는 것이 효율적이다. 심리도식치료(Young & Klosko, 1993)에서도 비슷한 논점을 제시하고 있으나, ABC 모형의 맥락에서 이것을 설명하는 치료는 REBT뿐이다.

10

인간의 가치에 대한 입장

REBT는 인간의 가치라는 논점에 대해서 독창적인 입장을 제시한다. 정확하게 말하자면 두 가지 견해가 있다. 전자는 가치를 적극적으로 옹호하는 입장이고, 후자는 가치에 호의적이지는 않지만 받아들일 수는 있다는 입장이다.

REBT가 선호하는 입장은 후자인데, 인간으로서 우리가 스스로 가치가 있다 혹은 없다고 말하는 것 자체가 어불성설이라는 견해다. 인간은 다른 사람과 더불어 살며, 어떤 그룹에 속하느냐 혹은 어떤 환경에 놓였느냐의 문제와는 상관없이 건강하게 살 것인지 아니면 비참하게 살 것인지 스스로 선택할 수 있는 존재다. 인간은 의미 있는 목표를 적극적으로 추구할 때 가장 행복하다. 즉, 자신을 가치 있는 존재로 여겨야만 혹은 그렇게 여긴다고 해서 행복한 것은 아니라는 뜻이다. 정서장애가 발생하는 원인 중 하나가 바로 자신과 타인에게 조건적 가치를 부여하기 때문이다. 조건적 가치는 심리적 건강과 행복을 저해한다.

REBT는 인간이 가치 있는 존재일 수도 있고 가치 없는 존재일 수도 있다고 생각한다. 그러므로 인간에게 가치를 부여하는 것은 선택의 문제다. 다만, 가치를 부여하기로 선택했다면 조건적 가치의 철학이 아니라 무조건적 가치의 철학을 채택하라고 권면한다.

조건적 가치

조건적 가치의 철학은 다음과 같은 명제로 구성된다.

1. 인간은 전반적 평가가 가능한 단순한 유기체다.
2. 인간의 가치는 개인이 중시하는 특정한 조건의 존재 혹은 부재에 따라서 높아질 수도 있고 낮아질 수도 있다.
3. 인간의 가치를 단일한 혹은 소수의 특질, 성격, 행동에 의해 평가하면 과잉일반화의 오류를 범한다(예: '저질스러운 행동을 했으므로 나는 나쁜 놈이다.').
4. 인간은 완벽해질 수 있다.
5. 이러한 철학에 근거하여 인간에게 조건적 가치 혹은 전반적 평가를 부여할 때 정서장애가 유발된다.

무조건적 수용

조건적 가치 철학의 대안으로 REBT가 선호하는 것이 무조건적 수용의 철학이다. 이것은 다음과 같은 명제로 구성된다.

1. 인간은 긍정성, 부정성, 중성성을 지닌 복잡한 존재이며, 너무 복잡하기 때문에 전반적 평가가 불가능하다.
2. 인간은 자신과 타인을 무조건적으로 수용할 수 있다. 즉, 개인이 중시하는 특정한 조건의 존재 혹은 부재와 무관하게 수용할 수 있다.
3. 인간은 긍정성, 부정성, 중성성을 지닌 복잡한 존재이므로 과잉일반화의 오류를 피해야 한다(예: '저질스러운 행동이 곧 내가 나쁜 놈이라는 것을 의미하지는 않는다. 나는 복잡한 존재로서 긍정적으로 행동할 수도 있고, 부정적으로 행동할 수도 있으며, 중립적으로 행동할 수도 있다.').
4. 인간은 완벽해질 수 없으며 언제라도 실수할 수 있다.
5. 이러한 철학을 채택하면 정서장애가 예방된다. (모두는 아니지만) 대부분의 정서장애는 인간에게 조건적 가치나 전반적 평가를 부여하기 때문에 발생한다. 무조건적 수용의 철학은 가치를 부여하지 않는다.

무조건적 가치

REBT는 조건적 가치의 철학의 건강한 대안으로 가치라는 개념을 아예 사용하지 않는 무조건적 수용의 철학을 선호하고 옹호한다. 그러나 부수적인 문제가 드러난다. 왜냐하면 무조건적 수용의 철학은 인간이 전반적으로 가치 있는 존재라고 암묵적으로 가정하는 것이나 다름없기 때문이다. 그래서 상대적으로 선호도가 낮은 무조건적 가치의 철학을 덧붙인다. 이것은 다음과 같은 명제로 구성된다.

1. 인간의 가치를 전반적으로 평가할 수 있다.
2. 인간의 가치를 전반적으로 평가하되 긍정적으로 평가하는 것이 최선이다.
3. 긍정적인 전반적 평가는 어떤 경우에도 가능하다. 그러므로 사실상 무조건적이다(예: '심지어 내가 저질스럽게 행동하더라도 나는 가치 있는 존재다.').
4. 인간은 살아 있고, 실수할 수 있고, 인간이라는 점에서 가치 있는 존재다.

이러한 철학은 앞과 똑같은 이유로 인간을 가치 없는 존재라고 치부할 수 있다는 점에서 논리적으로 취약하다. 하지만 이러한 입장은 실용적인 쓸모가 있다. 특히 내담자가 무조건적 수용의 철학을 이해하지 못하거나 혹은 받아들이지 않을 때 유익하다.

11

장애와 건강의 하위 유형

Ellis를 비롯한 REBT 이론가들은 독창적인 방식으로 장애와 건강의 하위 유형을 구분해 왔다. 세 가지의 분류 방법을 차례로 소개하겠다.

분류 방법 1: 자아와 고통의 구분

REBT는 심리장애와 심리적 건강의 하위 유형을 독특하게 구분한다. 심리장애는 자아와 유관한 자아장애와 자아와 무관한 고통장애로 구분되며, 심리적 건강은 자아 건강과 고통 감내로 분류된다. Dryden(1999)은 고통장애를 비자아장애라고 명명하기도 했다. Ellis는 1979년과 1980년 사이에 처음으로 유형 구분을 시도했는데, 당시에는 자아 불안과 고통 불안으로 분류했었다(Ellis, 1979, 1980b).

자아장애와 고통장애

① 자아장애

자아장애(ego disturbance)는 개인이 자신에게 강요한 경직된 요구를 스스로 충족하지 못했을 때 발생하며, 자기 비하의 형태로 드러난다. 자아장애를 지니고 있는 사람은, 첫째, 자기를 전반적으로 부정적으로 평가하고, 둘째, 자기를 못난 혹은 무가치한 존재라고 '악마화(devilifying)'한다. 악마화는 일종의 신학적 개념으로서 자신을 현생에서 즐거움을 느낄 자격이 없는 사람 혹은 인간 이하의 존재(즉, 악마)이기 때문에 지옥에서 썩어야 하는 사람으로 인식하는 것이다.

자아장애는 개인이 타인에게 강요한 경직된 요구가 충족되지 못했을 때(예: '당신은 반드시 나를 제대로 대접해야 한다. 대접받지 못하면 나는 무가치한 사람이다.')나 인생에 부과한 경직된 요구가 충족되지 못했을 때(예: '나는 반드시 승진해야 한다. 승진하지 못하면 나는 쓸모없는 사람이다.')에도 발생한다.

② 고통장애

고통장애(discomfort disturbance)는 '나는 반드시 편안해야 하고, 인생은 반드시 순조로워야 한다.'라는 비합리적 신념에서 비롯된다. 이런 비합리적 신념은 '편안하지 않고 순조롭지 못한 것은 끔찍한 일이다.'라는 파국화 신념 그리고 '편안하지 않고 순조롭지 못한 것은 견딜 수 없다.'라는 감내 불능 신념으로 귀결된다. 고통장애는 건강하지 못한 분노, 광장공포증, 우울증, 꾸물거림, 알코올 의존 등과 같은 다양한 형태로 나타나는 정서장애와 행동장애의 핵심 요소다. 고통장애는 생산적인 변화를 향해 매진하지 못하게 방해하고 심리치료의 예후를 저해하는 일종의 저항이다.

REBT에 따르면, 타인에게 경직된 요구를 부과하면 자아장애가 초래될 수도 있고(예: '당신은 반드시 나를 인정해야 한다. 인정받지 못하면 나는 무가치한 사람이다.'), 고통장애가 유발될 수도 있다(예: '당신은 반드시 나를 인정해야 한다. 인정받지 못하는 것은 끔찍한 일이고 견딜 수 없으며, 나를 고통스럽게 만든 당신은 나쁜 사람이다.'). 따라서 추가로 제3의 장애를 구분할 필요는 없다.

자아 건강과 고통 감내

① 자아 건강

자아 건강(ego health)의 대표적인 형태는 무조건적 자기수용이다. 자아 건강은 개인이 자신에게 유연한 선호를 부과하지만 반드시 그것을 성취해야 한다고 강요하지는 않을 때 발생한다. 자기를 수용한다는 것은 자기를 언제든지 실수할 수 있는 인간, 끊임없이 변화하고 있는 사람, 단일한 수치로는 환산하기 어려운 복잡한 존재라고 인정하는 것이다. REBT는 인간의 구체적인 특질이나 행동에 점수를 매기는 것은 가능하고 유익하지만 인간 자체를 종합적으로 판단하는 것은 적절하지 않다고 주장한다. 심지어 인간에게 전반적으로 긍정적인 점수를 매기는 것도 바람직하지 않다. 왜냐하면 긍정적 평가 역시 조건적인 경향이 있기 때문이다(예: 착하게 행동하는 좋은 사람, 사랑받는 예쁜 사람, 인정받는 유능한 사람).

자아 건강은 타인에게 비교조적 선호를 부과할 때도 나타나고(예: '나는 당신에게 대접받고 싶다. 하지만 당신이 반드시 나를 대접해야 하는 것은 아니다. 나에 대한 당신의 대접과는 무관하게, 나는 언제든지 실수할 수 있는 사람이다.'), 인생에 비교조적 선호를 부여할 때도 나타난다(예: '나는 직장에서 승진하고 싶다. 하지만 내가 반드시 승진해야 하는 것은 아니다. 승진하지 못한다고 해서 내가 쓸모없는 것은 아니다. 나는 긍정적 · 부정적 · 중성적 측면을 모두 가지고 있는 인간일 뿐이다.').

② 고통 감내

고통 감내(discomfort tolerance)는 '나는 마음이 편안하기를 원하고, 인생이 순조롭기를 바란다. 하지만 꼭 그래야만 하는 것은 아니다.'라는 합리적 신념에서 비롯된다. 이런 합리적 신념은 '내가 원하는 대로 되지 않아서 마음이 아프지만 끔찍한 것은 아니다.'라는 항파국화 신념 그리고 '내가 원하는 대로 되지 않아서 마음이 아프지만 견뎌 낼 수 있다.'라는 감내 가능 신념으로 귀결된다. 고통 감내는 다양한 심리적 문제를 치료하는 데 도움이 되는 심리적 탄력성(Reivich & Shatte, 2002)의 핵심이다. 탄력성은 인간이 삶의 역경을 회피하지 않고 직시할 수 있게 도와주며, 비록 단기적으로 힘들더라도 장기적으로 유익한 대처 방식을 선택할 수 있게 유도한다. 또한 고통 감내는 생산적인 변화를 향해

정진하도록 격려하고 심리치료의 예후를 향상시킨다. 마지막으로, 고통 감내는 지속되는 행복감을 유발한다. 우리로 하여금 자기패배적인 결과를 초래하는 일시적 욕망에 현혹되지 않고 순간의 고통을 감내하면서 꾸준히 의미 있는 목표를 추구할 수 있도록 이끌기 때문이다.

REBT에 따르면, 타인에게 비교조적 선호를 기대할 때 자아 건강(예: '나는 당신에게 인정받고 싶다. 하지만 당신이 반드시 나를 인정해야 하는 것은 아니다. 당신이 인정하지 않아서 고통스럽더라도 나는 여전히 나를 수용할 수 있다.') 혹은 고통 감내(예: '나는 당신에게 인정받고 싶다. 하지만 당신이 반드시 나를 인정해야 하는 것은 아니다. 당신이 인정하지 않아서 고통스럽더라도 나는 그것을 견뎌 낼 수 있다.')가 나타난다.

분류 방법 2: 자기와 타인과 인생의 구분

후기의 저술에서 Ellis는 자아와 고통의 구분보다 자기와 타인과 인생의 구분을 더 강조했다(Ellis, 2004). 나는 이것을 자기관련장애, 타인관련장애, 인생관련장애라고 부른다. 내가 보기에 Ellis는 심리적 변화를 촉진하는 핵심적 치료 요인으로 수용을 중시하는 CBT의 최신 흐름을 반영하기 위해서 그렇게 한 것 같다.

USA, UOA, ULA

기억하기 편리한 단어를 애호하는 Ellis(2004)는 REBT의 근본 목표는 수용을 촉진하는 것이라고 논증하면서, 무조건적 자기수용(Unconditional Self-Acceptance: USA), 무조건적 타인수용(Unconditional Other-Acceptance: UOA), 무조건적 인생수용(Unconditional Life-Acceptance: ULA)이라는 수용의 세 가지 유형을 소개하였다. 이것은 7장에서 살펴본 유연한 신념에서 파생된 비극단적 신념과 같다.

자기 비하, 타인 비하, 인생 비하

Ellis가 USA, UOA, ULA를 강조한 것으로 미루어 볼 때, REBT 치료자는 다음과 같은 세 가지 문제를 치료적 변화의 표적으로 설정하고 있다.

- 자기 비하: 자기를 어떤 식으로든 비하하는 것
- 타인 비하: 타인을 어떤 식으로든 비하하는 것
- 인생 비하: 인생을 어떤 식으로든 비하하는 것

심리장애와 심리적 건강을 구분할 때 자아와 고통을 중심축으로 할 것인지 아니면 자기와 타인과 인생을 중심축으로 할 것인지와 무관하게, REBT가 줄기차게 강조하는 특징은 심리장애는 자아와 고통에 대한, 그리고 자기와 타인과 인생에 대한 경직된 신념에서 비롯되고, 심리적 건강은 이에 대한 유연한 신념에서 비롯된다는 것이다. 6장과 7장에서 이 점을 강조한 바 있다.

분류 방법 3: 장애와 건강의 조합

앞의 두 접근 방식에는 공통점이 있지만 동일하지는 않다. Dryden, Gordon과 Neenan(1997)은 이를 통합하는 3×2 장애 조합과 3×2 건강 조합을 구성하였다.

3×2 장애 조합

Dryden 등(1997)은 세 가지 의무(자기, 타인, 인생에 부과한 강요)와 두 가지 장애(자아장애와 고통장애)를 동시에 고려하는 조합 모형(〈표 11-1〉)을 제안하였다. 이렇게 도출된 여섯 가지 하위 유형을 하나씩 살펴보겠다.

〈표 11-1〉 3×2 장애 조합

	자아장애	고통장애
경직된 자기 강요	A	B
경직된 타인 강요	C	D
경직된 인생 강요	E	F

(A) 자아장애-자기 강요

자기에게 경직된 의무를 강요하는 경우로서, 자기를 대하는 태도에 문제가 생긴다. 경직된 의무로 인해 예시와 같은 자기 비하가 일어난다.

- "나는 반드시 시험에 합격해야 한다. 그렇지 못하면 나는 형편없는 학생이다."
- "나는 반드시 사람들에게 인정받고 사랑받아야 한다. 그렇지 못하면 나는 쓸모없는 인간이다."

(B) 고통장애-자기 강요

자기에게 경직된 의무를 강요하는 경우로서, 고통을 대하는 태도에 문제가 생긴다. 다음 예와 같다.

- "대학을 졸업하지 못하면 일용직 노무자로 일해야 할 것이다. 나는 지금보다 더 많이 성취해야 하며, 그렇지 못했을 때 찾아올 고통을 견뎌 낼 수 없을 것이다."

(C) 자아장애-타인 강요

타인에게 경직된 의무를 강요하는 경우로서, 타인이 반드시 어떤 행동을 해야 한다고 혹은 하지 말아야 한다고 강요한다. 그러나 문제의 핵심은 자신을 대하는 태도에 있다. 이 조합은 타인의 행동으로 인해서 자존감에 상처를 받고 분노하는 경우에 흔히 관찰된다. 다음 예와 같다.

- "당신이 나를 대접하지 않는 것은 나를 무시하는 것이다. 당

신은 반드시 나를 존중해야 하며, 그렇지 않으면 나는 형편 없는 인간이다."

(D) 고통장애-타인 강요

타인에게 경직된 의무를 강요하는 경우로서, 고통을 대하는 태도에 문제가 생긴다. 다음 예와 같다.

- "당신은 반드시 나를 존중하고 배려해야 한다. 그렇지 않았을 때 찾아올 고통을 나는 견뎌 낼 수 없을 것이다."

(E) 자아장애-인생 강요

표면적으로는 인생에 경직된 의무를 강요하지만, 문제의 핵심은 자신을 대하는 태도에 있다. 다음 예와 같다.

- "내 인생은 반드시 순조로워야 한다. 인생이 평탄하지 않다는 것은 내가 무가치한 인간이라는 뜻이다."

(F) 고통장애-인생 강요

사람(즉, 자기와 타인) 이외의 대상 때문에 인생에서 겪는 고통을 감내하는 능력이 저하된 경우로서, 흔히 불만족스러운 삶의 조건이나 상당한 인내가 요구되는 상황에 대해서 분통을 터뜨리는 양상으로 드러난다. 다음 예와 같다.

- "급히 사용해야 할 때 자동차가 고장나면 절대로 안 된다. 자동차에 문제가 생기는 것을 참을 수 없다."
- "서비스 대기 시간은 반드시 신속하게 줄어들어야 한다. 서비스가 지연되는 것을 견딜 수 없다."

3×2 건강 조합

Dryden 등(1997)이 유형화한 3×2 장애 조합으로 미루어 짐작컨대, 〈표 11-2〉와 같은 3×2 건강 조합도 충분히 고려할 수 있다. 여섯 가지 하위 유형을 하나씩 살펴보겠다.

〈표 11-2〉 3×2 건강 조합

	자아 건강	고통 감내
유연한 자기 선호	A	B
유연한 타인 선호	C	D
유연한 인생 선호	E	F

(A) 자아 건강-자기 선호

자기에게 비교조적 선호를 제시하는 경우로서, 유연한 신념에서 비롯된 자기수용적 태도가 나타난다. 다음 예와 같다.

- "나는 시험에 합격하고 싶다. 하지만 반드시 합격할 필요는 없다. 만약 합격하지 못하더라도 나를 수용할 수 있다. 나는 언제든지 실수할 수 있는 인간일 뿐이다."
- "나는 사람들에게 인정받고 사랑받고 싶다. 하지만 반드시

그래야 할 필요는 없다. 인정받지 못하고 사랑받지 못하면 창피하겠지만, 내가 곧 쓸모없는 인간은 아니다. 사랑받는 것 여부와 상관없이 나는 똑같은 사람이다."

(B) 고통 감내-자기 선호

자기에게 비교조적 선호를 제시하는 경우로서, 고통을 감내하는 태도가 나타난다. 다음 예와 같다.

- "대학을 졸업하지 못하면 일용직 노무자로 일해야 할 것이다. 나는 지금보다 더 많이 성취하고 싶다. 하지만 반드시 그래야만 하는 것은 아니다. 만약 성취하지 못하면 상당한 고통을 겪겠지만, 나는 그것을 감내할 수 있다. 고통을 감내하는 것은 나에게 중요한 의미가 있다."

(C) 자아 건강-타인 선호

타인에게 비교조적 선호를 제시하는 경우로서, 타인이 어떤 행동을 하기를 혹은 하지 않기를 바란다. 그러나 본질은 자신을 대하는 태도와 관련이 있다. 다음 예와 같다.

- "당신이 나를 대접하지 않는 것은 나를 배려하지 않는 것이다. 당신이 나를 배려하기를 바라지만, 반드시 그래야 하는 것은 아니다. 당신이 나를 배려하지 않더라도 여전히 나를 수용할 수 있다."

(D) 고통 감내-타인 선호

타인에게 비교조적 선호를 제시하는 경우로서, 본질은 고통을 대하는 태도와 관련이 있다. 다음 예와 같다.

- "나는 당신에게 대접받고 싶다. 하지만 당신이 반드시 그래야 하는 것은 아니다. 대접받지 못하면 아프겠지만, 나는 그것을 감내할 수 있다. 고통을 감내하는 것은 나에게 중요한 의미가 있다."

(E) 자아 건강-인생 선호

표면적으로는 인생에 비교조적 선호를 제시하지만, 본질은 자신을 대하는 태도와 관련이 있다. 다음 예와 같다.

- "나는 인생이 순조롭기를 바란다. 하지만 인생이 반드시 그래야 하는 것은 아니다. 인생이 평탄하지 못하다고 해서 내가 무가치한 인간은 아니다. 인생에서 어떤 일이 벌어지더라도 나는 자신을 수용할 수 있다."

(F) 고통 감내-인생 선호

사람(즉, 자기와 타인) 이외의 대상과 관련된 고통을 감내하는 능력이 적절히 확보된 경우다. 다음 예와 같다.

- "내가 급히 사용해야 할 때 자동차가 고장 나지 않기를 바란

다. 하지만 내 소망이 반드시 충족되어야 하는 것은 아니다. 자동차에 문제가 생겨서 힘들더라도 나는 그러한 좌절 상황을 견뎌 낼 수 있다."

- "나는 서비스 대기 시간이 신속하게 줄어들기를 바란다. 하지만 반드시 그래야 하는 것은 아니다. 비록 서비스가 지연되더라도 나는 그것을 참아 낼 수 있다. 고통을 감내하는 것은 나에게 중요한 의미가 있다."

12

정서에 대한 정서

인간은 불편을 불편해하는 존재다. CBT에서도 이 점을 언급하지만 REBT만큼 주목하지는 않는다. 인간은 자신이 겪는 고통에 괴로움을 덧붙이는데, Walen, DiGiuseppe과 Dryden(1992)은 이러한 현상을 증상가중(symptom stress)이라고 불렀다. 이것은 문제를 문제로 여기는 태도이자, 정서에 대한 정서(meta-emotion, 상위 정서)의 문제다. 즉, 정서장애에 대한 정서장애를 의미한다(Dryden, 2002). 이러한 상위 정서장애 개념을 자세히 살펴보면 여기에도 하위 유형이 있다는 것을 이해할 수 있다.

A가 UNEs이고, C도 UNEs인 경우

인간은 불편한 사건(A1)에 대해서 불편한 반응(C1)을 보인다. 즉, 어떤 건강하지 못한 부정 정서(Unhealty Negative Emotions:

UNEs)에 주목함으로써 다른 UNEs를 추가로 경험하게 되는 것이다. 이러한 연쇄 과정에서 원래 C1에 해당되는 UNEs가 내부적 사건인 A2의 속성을 띠게 되고, 이 사건 A2에 대한 반응으로 다시 C2의 반응이 출현하는 순환 고리가 형성된다. 이것을 그림으로 표현하면 다음과 같다.

A1 = 최초 사건

B1 = 비합리적 신념

C1 = UNE1

A2 = UNE1

B2 = 비합리적 신념

C2 = UNE2

A가 UNEs에 대한 추정이고, C는 UNEs인 경우

인간은 UNEs에 반응하여 고통을 겪을 뿐만 아니라 UNEs에 대한 추정에도 반응하여 고통을 겪는다. 이것을 그림으로 표현하면 다음과 같다.

A1 = 최초 사건

B1 = 비합리적 신념

C1 = UNE1

A2 = UNE1에 대한 추정

B2 = 비합리적 신념

C2 = UNE2

예컨대, 내가 공개 강의를 망친 사건(A1)에 대해서 불안(UNE1)을 경험하고 있다고 가정해 보자. 다음 순간 나는 최초의 불안(UNE1)에 대해서 다시 증폭된 불안(UNE2)을 경험하게 된다. 이것이 상위 불안, 즉 불안에 대한 불안이다. 그런데 나는 최초의 불안(UNE1)을 통제력 상실의 증거라고 추정(A2)했기 때문에 증폭된 불안(UNE2)을 경험했을 수도 있다. 이 경우에는 불안 자체보다 통제력 상실이 불안의 더 중요한 이유가 된다. 이 두 가지 경우를 다음 그림을 통해 비교해 보자.

A1 = 공개 강의를 망침

B1 = 비합리적 신념

C1 = 불안

↓

A2 = 불안의 경험

B2 = 비합리적 신념

C2 = 증폭된 불안

A1 = 공개 강의를 망침

B1 = 비합리적 신념

C1 = 불안

↓

A2 = 통제력 상실

(즉, C1에 대한 추정)

B2 = 비합리적 신념

C2 = 증폭된 불안

13

비합리성의 생물학적 기반

Ellis(1976)에 따르면, 인간은 기본적으로 두 가지 생물학적 경향성을 지니고 있다. 첫째, 스스로 고통을 증폭시키는 현상에서 잘 드러나듯이 인간은 비합리성으로 귀결되는 존재다. 둘째, 인간은 자신의 비합리성을 인식하고 합리성을 추구하는 방향으로 꾸준히 이동하는 존재다. Ellis(1976)는 후자의 경향성을 실현하기 위해서는 전자보다 더 많은 노력이 필요하다고 지적했다.

Ellis(1976)가 이러한 생물학적 경향성 가설을 입증하기 위해서 어떤 논의를 펼쳤는지 살펴보겠다.

인간의 비합리성은 보편적이다

비합리성은 모든 인간의 특성이다. 삶의 역경으로 인해 고통스러울 때는 자기를 돌보는 것이 지극히 합리적임에도 인간은 오히려 자신을 더 고통스럽게 만드는 경향이 있다. 물론 주로 경험하는 고통의 종류와 강도에는 개인차가 있지만, 누구나 심리적 고통을 겪는다는 사실은 자명하다. 심리적 고통은 인류의 생존을 저해하지 않으며 대개 개인의 생존도 위협하지 않는다. Ellis가 자주 언급했듯이 "대자연은 인간의 생존에만 관심이 있다. 그것은 생존의 정서적 측면에는 무관심하다." 인생의 정서적 측면은 전적으로 인간 자신의 책임이다. 그럼에도 우리가 스스로를 끊임없이 고통스럽게 만드는 것을 보면, 인간의 비합리성은 뿌리가 깊다.

역으로, 인간이 기본적으로 합리적인 존재라고 가정해 보자. 무엇이 어떻게 다를까? 아마도 우리는 삶의 역경으로 인해 고통스러울 때 자기를 돌보려고 할 것이다. 아마도 우리는 개인적 목표를 향해서 매진할 것이고 절대로 꾸물거리지는 않을 것이다. 아마도 우리는 철저한 자기 관리를 통해 수명을 연장시킬 것이다. 담배를 피우지 않을 것이고 건강한 식단을 유지할 것이다. 정말로 인간이 합리적인 존재라면 말이다. 하지만 이것은 진실이 아니다. 따라서 Ellis(1976)는 인간은 비합리성으로 귀결되는 존재라고 주장한다.

우리는 경직되고 극단적인 방향으로 생각하기 쉽다

유연한 비극단적 신념과 경직된 극단적 신념을 구분하고 차이를 살펴본 적이 있다. 심리적 건강의 중심에는 유연한 신념이, 심리장애의 핵심에는 경직된 신념이 존재한다. 유연한 신념과 경직된 신념 모두 개인의 소망과 밀접한 관련이 있는데, 경직된 신념을 붙들고 있을 때는 소망이 절대적 강요로 변질되지만 유연한 신념을 지니고 있을 때는 그렇지 않다. 극단적 신념은 경직된 신념의 파생물이고, 비극단적 신념은 유연한 신념에서 비롯된다.

더 나아가서 REBT에 따르면, 소망이 미약할 때는 비록 그것이 좌절되더라도 유연하고 비극단적인 신념을 유지하기가 상대적으로 쉽지만, 소망이 강렬해지면 강렬해질수록 그렇게 하기가 몹시 어려워진다. 다시 말해, 강렬한 개인적 소망은 절대적 강요로 변질되기 쉬우며, '소망이 좌절되면 힘들겠지만 견딜 수 있다.'는 생각이 '소망이 좌절되면 끔찍하고 견딜 수 없다.'는 생각으로 빠르게 왜곡된다. 대부분의 인간이 이러한 모습을 보인다는 사실은 비합리성의 생물학적 기반을 지지하는 추가 증거다. 만약 인간이 강렬한 소망이 좌절되더라도 유연한 신념을 견고하게 유지하는 생물학적 경향성을 지니고 있다면, 경직된 신념을 지니고 있는 사람을 만나기가 몹시 어려울 것이다. 하지만 인간은 여러 바람직한 권면에도 불구하고 너무 쉽게 경직된 극단적 신념을 붙드는 존재다.

예컨대, 내가 학교를 대표하는 홍보 대사로 선발되기를 약하게 소망한다고 가정해 보자. 비록 선발되지 않더라도 나는 유연한 비극단적 신념을 비교적 쉽게 유지할 수 있을 것이다. 유연한 신념은 '내가 학교를 대표하는 홍보대사로 선발되면 좋겠다…….'로 시작해서, '……하지만 반드시 내가 선발되어야 하는 것은 아니다. 뽑히지 못하면 속이 조금 상하겠지만 끔찍하지는 않을 것이다.'로 끝난다. 이에 비해 소망이 강렬한 경우에는 유연한 신념을 유지하기가 상당히 어렵다. 그래서 '내가 학교를 대표하는 홍보대사로 선발되면 너무 좋겠다…….'로 시작해서, '……나는 반드시 선발되어야 한다. 뽑히지 못하면 속이 몹시 상하고 끔찍할 것이다.'로 끝나는 경직된 신념을 붙들게 된다. 실제로 이런 일이 벌어진다면, REBT 치료자인 나는 유연한 비극단적 신념을 회복하려고 열심히 노력할 것이다. 그러나 성공을 장담하지는 못하겠다. 나도 인간이므로 강렬한 소망이 좌절되는 상황에서 유연성을 발휘하기가 매우 어렵기 때문이다.

인간의 비합리성은 보편적이라는 주장, 인간은 강렬한 소망을 경직된 강요로 변질시키는 경향이 있다는 관찰 그리고 인간은 소망이 좌절될 때 유연성을 상실하고 극단성을 드러내는 경향이 있다는 증거를 인정한다고 해서 이로 인해 초래되는 고통에는 엄연히 개인차가 존재한다는 사실을 부정하는 것은 아니다. 나는 정말로 중요한 소망이 좌절될 때를 제외하고 어지간한 경우에는 경직성을 드러내지 않는 상당히 유연한 사람을 실제로 목격했다. 물론 미약한 소망이 충족되지 않을 때조차 경직된 반응을 보이는 정반대의 사례도 만나 봤다. 특히 심각한 성격장애를 가진 사람이 후자의 경우에 해당한다(Ellis, 2002).

우리는 주로 합리성에 대해 배운다

인간의 비합리성은 부모, 동료, 대중매체의 가르침과 정면으로 상충한다. 예컨대, 자녀에게 꾸물거리는 것이 바람직하다고 가르치는 부모는 아마 없을 것이다. 하지만 우리는 셀 수 없이 꾸물거린다. 어려서 부모에게 자주 들었던 말 중의 하나가 "네가 그것을 원한다고 해서 반드시 그것을 가질 수 있는 것은 아니야."임에도 불구하고 우리는 원하는 것을 반드시 가져야 한다고 주장하는 경향이 있다. 만약 인간이 기본적으로 합리적인 존재라면 꾸물거리지 말고 강요하지 말라는 합리적인 가르침이 우리의 삶에 지금보다 더 강력한 영향을 미치고 있을 것이다.

비합리성은 쉽게 재발되며, 쉽게 대체된다

한편으로 인간은 비합리적으로 생각하고 행동하는 존재지만, 다른 한편으로 인간은 자신의 생각과 행동에 대해 숙고하여 합리적인 방향으로 수정하려는 경향성을 지니고 있다. 만약 인간에게 합리적으로 생각하고 행동할 수 있는 잠재력이 없다면, 과연 심리치료자가 무엇을 할 수 있겠는가? 안타까운 사실은 발휘된 합리성이 꾸준히 지속되지는 않는다는 점이다. 우리는 종종 과거에 극복한 문제에 대해서 다시 비합리적으로 반응한다(Ellis, 1976). 즉, 비합리성은 쉽게 재발한다. 예컨대, 어떤 사람이 합리성을 발휘해서 자기패배적 습관을 잠시 중단했다고 할지라도, 녹록지 않은 삶의 여건에 맞닥뜨리면 다시 자기패배적 습관을 반복하게 될 가능성이 크다. 심지어 그의 자기패배적 습관은 처음보다 더 심각한 수준으로 악화될 수도 있다.

어떤 영역에서 극복한 비합리성이 다른 영역으로 대체되어 나타나기도 한다. 예컨대, 흡연과 관련된 비합리성을 극복하는 과정에서 음식과 연관된 비합리성이 심화되는 경우가 있다. 인생의 어떤 영역에 합리성의 조명을 비추는 동안 다른 영역에서 비합리성이 활개를 치는 것이다. 이러한 경향을 간파한 영국의 화장품 회사는 소비자에게 다양한 자기관리 전략의 실패를 인정하고 화장품만 바꾸는 단일한 자기관리 전략을 실천하라고 대대적으로 홍보해서 재미를 보고 있다.

비합리성이 쉽게 재발되거나 다른 영역으로 대체되는 경향, 여러 변화를 동시에 수행하기 매우 어려운 현상은 모두 비합리성의 생물학적 기반을 지지하는 추가 증거다. 결과적으로, 우리는 인간이 합리적으로 생각하고 행동하는 것은 몹시 어렵다는 사실과 합리성을 발휘하는 것, 특히 유지하는 것이 매우 힘들다는 사실을 알 수 있다.

14

선택 가능한 구성주의

여러 CBT에서 구성주의를 채택하고 있는데(Dobson, 2001), REBT의 구성주의는 주안점이 다르다. REBT는 내담자가 조성한 혹은 구성한 경직된 신념은 내담자의 소망에서 비롯된다는 점을 강조한다. 13장에서 나는 비합리성의 생물학적 기반을 논증한 바 있다. 여기서는 인간이 비합리적인 존재라는 첫 번째 경향성보다 인간은 자신의 비합리성을 인식하고 합리성을 추구하는 방향으로 꾸준히 이동하는 존재라는 두 번째 생물학적 경향성에 대해 살펴보겠다.

인간은 선택하는 존재다. 우리는 소망에 근거하여 경직되고 극단적인 신념을 구성하겠다고 선택할 수도 있고, 역시 소망에 근거하여 유연하고 비극단적인 신념을 구성하고 유지하겠다고 선택할 수도 있다. 앞서 논의했듯이 강렬한 소망은 절대적 강요로 변질되기가 쉽고, 강렬한 소망을 품었을 때는 소망의 충족이나 좌절에 대해서 유연한 태도를 견지하기가 어렵다. 즉, 강렬한 소망이 좌절되면 극단적 신념을 구성하는 것은 쉬워지고 비극단적 신념을 구성하고 유지하는 것은 어려워진다. REBT는 여기서부터 시작된다. 삶의 역경에 처했을 때 혹은 강렬한 소망이 좌절되었을 때 합리성을 견지하는 것이 아무리 어렵다고 하더라도, 우리는 여전히 합리적 신념을 구성하고 유지하겠다고 선택할 수 있는 존재다. 인간에게는 비합리적 신념을 구성하고 유지하려는 강력한 생물학적 경향성이 내재되어 있는 한편, 합리적 신념을 구성하고 유지하려는 생물학적 경향성도 동시에 존재한다. 언뜻 인간의 본성에 반하는 것처럼 여겨지는 REBT의 주장이 실현되기 위해서는 내담자의 전념이 필요하다. 자신의 합리적 신념에 부합하는 방향으로 생각하고 행동하겠다는 의지와 노력과 결심과 전념이 없으면, 또한 비합리적 신념을 영속화하는 방향으로 생각하거나 행동하지 않겠다는 결연한 선택이 없으면 심리적 건강을 회복하는 것은 요원하다. REBT의 정수는 엄혹한 삶의 역경에 직면한 상황에서조차 내담자가 여전히 합리적으로 생각하고 행동할 수 있다는 믿음이다.

15

심리적 건강의 10요소

라디오 프로그램 진행자가 주인공으로 등장하는 미국 드라마가 있다. 주인공은 프로그램을 마칠 때마다 청취자의 심리적 건강을 기원하면서도 과연 무엇이 심리적으로 건강한 것인지에 대해서는 한 번도 이야기한 적이 없다. 이에 비해 REBT는 심리적 건강의 구성요소를 어떤 CBT보다 명료하게 제시하고 있다. REBT의 목표는 심리장애를 치료하는 것에 그치지 않고 심리적 건강을 추구하는 데까지 나아간다.

구성적 선택의 인식

심리적으로 건강한 사람은 정서장애가 자신의 구성적 선택에서 비롯된 고통임을 충분히 인정하고, REBT와 CBT가 제공하는 전략과 기법을 활용하여 자신의 정서 문제와 행동 문제를 극복하려고 꾸준히 노력한다. 이것은 정서장애를 촉발시킨 상황과 타인의 존재를 부정하는 것이 아니라, 자신이 어떤 감정을 느끼는 원인을 상황과 타인의 탓으로 귀인하거나 그것을 비난하고 싶은 유혹에 저항하는 것이다.

유연성의 추구와 극단성의 배척

심리적으로 건강한 사람은 유연하고 비극단적인 신념체계를 지니고 있다. 경직되고 극단적인 신념을 붙들고 있을 때 심리적으로 고통스러워진다는 사실을 인식하고 있으며, 고통스러울 때는 최대한 빨리 자신의 경직된 신념에 의문을 제기하고 그 대안으로 유연한 신념을 채택하려고 노력한다.

심리적으로 건강한 사람도 소망을 지니고 있지만 그 소망을 자기와 타인과 인생에 대한 절대적 강요로 변질시키지는 않는다. 고통의 존재를 인정하지만 파국화하지는 않는다. 그것이 건강하고 적절한 경우라면, 고통과 좌절을 기꺼이 감내한다. 자신과 타인이 언제든지 실수할 수 있는 인간이라는 사실을 수용하며, 인생은 긍정성과 부정성과 중성성을 띠는 다양한 경험의 조합이라는 견해를 채택한다. 결과적으로 변화에 개방적인 태도를 취하고 최소한으로만 방어한다.

과학적 사고방식 및 유토피아의 부정

심리적으로 건강한 사람은 과학적으로 사고하는 경향이 있다. 자신이 추구하는 단기적 · 장기적 목표에 부합하는 방향으로 감정과 행동을 조절하고, 어떤 감정과 행동이 과연 자신이 원하는 결과를 가져오는지 혹은 그렇지 않은지를 평가하여 선택한다. 자신의 추정을 절대적 사실이 아닌 현실에 대한 예측으로 간주하고, 충분한 증거를 수집해서 추정의 정확성 여부를 검증하려고 준비한다.

심리적으로 건강한 사람은 매력적으로 여겨지는 주장이나 권위자의 언급을 선뜻 진리로 인정하지 않으며, 모든 단정적 진술에 의문을 품는다. 즉, 주체적인 견해를 지니고 있다.

마지막으로, 그들은 유토피아는 존재하지 않는다는 사실을 인정한다. 자신이 원하는 모든 것을 취할 수는 없다는 점과 인생에는 잦은 좌절이 동반된다는 점을 수용한다.

자기에 대한 지혜로운 관심

심리적으로 건강한 사람은 주로 자기에게 관심을 기울이며, 자신의 건강한 욕구를 타인의 욕구보다 약간 더 중시하는 경향이 있다. 그들은 자신이 돌보는 사람을 위해 어느 정도 자기를 희생하지만 전적으로 희생해서 소진되지는 않는다. 소중한 사람에게 자비와 연민을 베풀고, 그들을 너그럽게 대하는 것처럼 자기에게도 너그럽게 대한다.

타인과 사회에 대한 관심

심리적으로 건강한 사람은 타인의 권리와 사회의 존속에도 관심을 기울인다. 자신이 먼저 도덕적으로 행동하지 않으면 편안하고 행복한 인생을 향유하는 세상을 만드는 데 기여할 수 없다는 점을 잘 알고 있다.

자율성

심리적으로 건강한 사람은 자신의 인생을 스스로 선택하는 사람이기 때문에 타인과 협력하는 것을 즐기면서도 상당히 자율적인 모습을 보인다. 타인의 지원과 도움을 고맙게 여기지만 타인에게 지원이나 도움을 강요하지는 않는다. 도움이 필요할 때 타인에게 도움을 청하는 것을 자랑스러워하지는 않으나, 도움을 청한다고 해서 자신을 연약한 존재로 여기지도 않는다.

불확실성에 대한 감내력

심리적으로 건강한 사람은 불확실성을 감내하는 능력을 지니고 있으며, 앞으로 자신이나 타인에게 어떤 일이 벌어질지 미리 알아내려고 지나치게 애쓰지 않는다. 따라서 충동적으로 행동하지 않으며, 부적절한 방식으로 안심이나 위로를 추구하지도 않는다.

의미 있는 목표에 대한 전념

심리적으로 건강한 사람은 자기가 아닌 무언가에 열정적으로 몰입할 때 더 건강해지고 더 행복해진다는 사실을 잘 알고 있다. 하지만 REBT는 인간이 추구해야 하는 바람직한 목표가 무엇인지에 대해서는 전혀 언급하지 않는다. 인간이 선택하고 실천할 수 있는 활동의 범위는 참으로 광대하기 때문이다. 다만, REBT는 자신이 진정으로 소중히 여기는 것이라면 타인이 어떻게 평가하든지 상관하지 말고 전념하라고 권면한다. 물론 목표를 선택할 때는 '타인과 사회에 대한 관심'이라는 요소에서 언급한 것처럼 타인의 반응에도 지혜롭게 주의를 기울일 필요가 있다는 점을 강조한다.

위험의 계산과 감수

심리적으로 건강한 사람은 실패할 가능성이 높더라도 자신이 원하는 것을 추구하면서 위험을 기꺼이 감수하는 경향이 있다. 그들은 모험을 즐기지만 어리석지는 않다. 두드리지 않으면 열리지도 않는다는 경구에 근거해서 행동하는 것이다.

장기적 쾌락주의

심리적으로 건강한 사람은 순간적인 즐거움이 건설적인 장기 목표의 달성을 방해한다고 여겨질 때는 기꺼이 일시적 쾌락을 포기하는 경향이 있다. 즉각적인 만족에 충동적으로 휘둘리지 않는다는 점과 필요한 과제라면 지루하더라도 곧바로 수행하는 모습으로 미루어 볼 때, 그들은 고통 감내의 철학을 지니고 있다.

하지만 REBT가 금욕을 주장하는 것은 아니다. 우리는 심리적으로 건강한 사람은 스스로 즐길 수 있는 열정적인 사람이라고 생각한다. 따라서 REBT는 장기적으로 문제가 되지 않는다면 즉각적 만족을 추구하는 방향으로 행동하라고 권유한다.

2부

합리적 정서행동치료: 실제적 독창성

16

치료 관계

Carl Rogers(1957)가 치료적 변화의 핵심 요인으로 제시한 치료 관계에서의 공감, 존중, 진실의 중요성을 부정하는 심리치료자는 없을 것이다. 다만, CBT에서는 그것이 치료적 변화를 일으키는 필요조건이나 충분조건은 아니라고 여길 뿐이다. REBT도 이와 유사한 입장을 취하는데, 지금부터 REBT의 치료 관계가 어떤 측면에서 독창적인지 살펴보겠다.

치료자의 온정

대부분의 심리치료는 내담자를 따뜻하게 대하라고 권고한다. 하지만 Ellis는 치료자의 온정이나 인정보다 무조건적 수용을 강조했다(Dryden, 1997). CBT에서는 온정과 수용을 개념적으로 구분하지 않는 경향이 있다. Ellis가 치료자의 무조건적 수용을 강조한 까닭은 치료자가 내담자에게 제공하는 온정과 인정이 내담자의 사랑받고 싶은 강렬한 욕구와 인정받고 싶은 열렬한 소망을 자신도 모르는 사이에 강화하게 되는 명백한 위험성을 우려했기 때문이다.

치료자의 수용

원문을 보면 Rogers(1957)는 내담자가 치료자를 '자신에게 긍정적 관심을 보이는 사람으로 지각하는 것'이 치료의 중요한 요소라고 기술했다. 인간중심치료에서는 긍정적 관심을 '귀하게 여김(prizing)' 또는 '존중(respect)'이라는 용어로도 표현해 왔다. 이러한 개념들을 관통하는 치료적 의미는 치료자가 내담자를 무조건적으로 가치로운 사람으로 여기는 태도가 내담자에게 충분히 전달되어야 한다는 뜻이다. 이는 10장에서 논의했던 무조건적 가치의 개념과 흡사하다. CBT에서는 치료자가 내담자를 무조건적으로 존중해야 한다는 견해를 받아들인다.

REBT 치료자도 여기에 전반적으로 동의한다. 그러나 우리는 치료자가 내담자를 무조건적으로 수용하는 까닭은 내담자가 완벽하기 때문이 아니라 언제든지 실수할 수 있는 존재이기 때문이고, 긍정성과 부정성과 중성성을 모두 지닌 복잡한 존재이므로 내담자의 가치를 전반적으로 평가하는 것은 불가능하기 때문이며, 내담자는 끊임없이 변화하는 존재이므로 비록 가치를 평가할 수 있다고 하더라도 단일한 수치를 매기는 순간 이내 부정확한 낡은 점수가 되고 만다는 이유 때문이라는 점을 보여 주는 것이 더 낫다고 생각한다. 이러한 관점은 10장에서 논의했던 인간의 가치에 대한 REBT의 견해와 일치한다.

격식의 배제

REBT 치료자는 과도한 격식에 구애받지 않는 경향이 있다. 물론 격식을 갖추는 것이 치료적으로 유익한 경우에는 유연하게 조절한다. 치료자가 격식에 구애받지 않는 모습을 보일 때, 내담자는 다음과 같이 인식한다. 첫째, 치료자가 진지하게 자신의 역할을 수행하지만 쓸데없이 진지하지는 않다. 둘째, 치료자와 내담자 사이의 정서적 거리가 줄어든다. 물론 두 사람의 관계는 내담자의 치료 목표를 달성하도록 돕기 위해서 맺어진 치료 관계라는 사실을 간과하지는 않는다. 셋째, 치료자와 내담자는 동등한 인간이다.

실제로 REBT는 치료자와 내담자의 동등성에 대해서 다음과 같은 입장을 취한다. 내담자가 겪고 있는 문제를 개념적으로 이해하고 치료적으로 변화시키는 능력의 측면에서는 치료자가 내담자보다 우월한 것이 분명하고, 이상적으로 그래야 한다. 하지만 인간적 가치의 측면에서는 치료자와 내담자가 동등하다. 두 사람 모두 단일한 수치로 가치를 따지기 어려운 복잡한 존재이고, 실수할 수 있는 사람이며, 끊임없이 변화하는 인간이기 때문이다.

치료자의 유머

치료자의 유머는 치료 관계를 공고하게 만드는 효과를 발휘한다. REBT는 CBT에 비해 유머의 사용을 강조한다. 단, 치료자의 유머는 내담자의 전체가 아닌 부분에 맞춰져야 한다. 다시 말해, 유머를 구사할 때는 내담자를 향해 웃는 것이 아니라 내담자와 함께 웃어야 한다. REBT의 치료적 유머는 Ellis(1987)부터 시작되었는데, 그는 심리장애가 자신과 타인과 인생을 진지하게 대하기 때문에 발생하는 것이 아니라 '지나치게' 진지하게 대하기 때문에 발생한다고 생각했다. 유머는 내담자가 한 발짝 거리를 두고 물러나서 자신의 생각과 행동에 내포된 우스꽝스러운 모습을 발견하도록 도울 때 그리고 내담자가 합리적으로 생각하고 행동하기로 결심하도록 이끌 때 효과적이다. 다른 치료적 개입과 마찬가지로 모든 내담자에게서 유머의 효과가 나타나는 것은 아니다. 덧붙여 모든 치료자가 유머를 효과적으로 구사하는 능력을 갖추고 있지는 않다는 점도 주의해야 한다.

17

사례 개념화

인지행동치료자 Persons(1989)는 사례 개념화(case formulation)의 중요성을 역설한 기념비적 저서를 집필했다. 그녀의 비유에 따르면, 사례 개념화는 내담자의 호소 문제, 호소 문제의 발생 원인, 호소 문제의 지속 요인 등을 가설적으로 설명하는 청사진이다. 사례 개념화는 주로 인지적 · 행동적 요인을 중심으로 구성되지만, 환경적 · 관계적 맥락도 충분히 고려되어야 한다. 아울러 탁월한 사례 개념화에는 호소 문제 사이의 상관관계, 예상되는 방해 요인, 호소 문제의 우선순위, 치료 개입의 순서 등도 포함된다. 결과적으로, 사례 개념화는 내담자가 지니고 있는 문제를 이해하고 치료하는 종합적 체계를 제공한다.

치료적 개입이 시급한 경우를 제외하면 거의 모든 인지행동치료자는 치료를 본격적으로 시작하기 이전에 사례 개념화를 수행한다. 그리고 '사례'를 개념화할 때는 치료자와 내담자 사이의 협력을 강조한다.

3장에서 논의했듯이 REBT는 내담자가 지니고 있는 문제들 사이의 인지적·행동적 상호작용을 치료자와 내담자 모두가 이해할 수 있도록 돕기 위해서 ABC 모형을 활용한다. 비록 부분적인 차이는 있지만 CBT에서도 유사한 ABC 모형을 사용한다. 하지만 REBT 치료자는 사례 개념화를 마칠 때까지 치료적 개입을 미루지는 않는다. 즉, REBT 치료자는 내담자의 호소 문제에 상대적으로 신속하게 개입하는 경향이 있으며, 심리치료를 평가 단계와 치료 단계로 구분하지 않고 동시적으로 '사례'를 개념화한다.

다른 것과 마찬가지로 이러한 차이에 영향을 미친 사람도 Ellis 박사다. 그는 여러 질문지, 검사지, 평가도구를 사용해서 철저한 분석(즉, 사례 개념화)을 마친 후에야 치료적 개입을 시작하는 심리치료 방식에 초창기부터 불만이 많았다. Ellis(1962)는 이런 사전 절차가 비효율적이라고 생각했고, 사전 절차 때문에 본격적인 심리치료를 시작해 보지도 못한 채 그만두는 내담자가 있다는 점을 안타까워했다. Ellis는 치료자와 내담자와 치료기관이 시간을 낭비하는 것을 우려했다. 자료를 수집하고 분석하여 치료 개입을 준비하기까지 상당한 시간이 소모되는데, 그러면 내담자를 이해하고 개입하는 것이 결과적으로 힘들어진다. 집중적인 치료를 시작하지도 못했는데 내담자가 더 이상 치료자를 찾아오지 않기 때문이다. 이러한 경험을 바탕으로 Ellis는 가급적 신속하게 치료를 시작하는 것이 모든 사람의 시간과 자원을 가장 효율적으로 사용하는 방법이라고 생각했다. 그래서 Ellis는 치료 개입 이전에 사례 개념화를 완성하는 방식을 선호하지 않는다. 하지만 Ellis는 아주 능숙하게 '사례'를 개념화하는 치료자였다. 그에게 슈퍼비전을 받아 본 사람이라면 흔쾌히 동의할 것이다. 그는 종이가 아니라 머리로 사례를 개념화하는 스타일이었다. 앞서 언급했듯이 그는 심리치료 이전이 아니라 도중에 사례 개념화를 시도했다. 아울러 내담자가 치료 개입에 대해서 보이는 반응이 내담자와 그의 문제에 대해서 상당히 많은 정보를 드러낸다고 주장했다. 만약 이것이 사실이라면 치료는 가급적 빨리 시작되어야 한다.

그렇다면 다른 REBT 치료자들은 사례 개념화에 대해서 어떤 입장을 취하고 있을까? 아마도 내가 제안한 사례 개념화 방식이 가장 발전된 형태일 것이다(Dryden, 1998). 나는 이것을 '문제의 맥락에서 내담자 이해하기(Understanding the Person in the Context of his or her Problems: UPCP)'라고 부른다. 왜냐하면 나는 사람을 '사례'라고 부르는 것을 싫어하기 때문이다.

UPCP를 수행하려면 다음과 같은 여러 요소를 면밀하게 살펴보아야 한다.

1. 기본 정보 및 내담자에 대한 첫인상
2. 호소 문제 목록
3. 내담자의 치료 목표
4. 건강하지 못한 부정 정서 목록
5. 호소 문제 촉발 사건 목록(예: 불인정, 불확실, 불공정, 실패)

6. 핵심 비합리적 신념 목록
7. 역기능적 행동 목록
8. 역기능적 행동의 목적성
9. 대처 방식 목록
10. 보상 방식 목록
11. 상위 정서 목록
12. 핵심 비합리적 신념이 초래하는 인지적 결과 목록
13. 호소 문제 표현 방식 및 주위 사람의 반응
14. 건강 및 의학 정보
15. 관련된 촉발 요인 목록
16. 예상되는 치료 반응

목록만으로 충분히 추정할 수 있듯이 UPCP를 완성하려면 상당한 시간이 필요하다. 차라리 그 시간을 내담자의 문제를 다루는 데 사용하는 것이 더 효율적일 수 있다. 따라서 모든 내담자의 UPCP를 수행할 필요는 없다. 하지만 다음과 같은 경우에는 반드시 실시해야 한다.

- 내담자가 상당히 복잡한 문제를 가지고 있는 경우
- 처음에는 복잡해 보이지 않았던 내담자가 저항하고, 저항에 개입했지만 실패한 경우
- 내담자가 이전에 몇 번의 심리치료, 특히 REBT에서 성공하지 못한 경우

18

심리 교육

Ellis와 Dryden(1997)에 따르면, REBT는 심리 교육을 중시하는 치료 방법이다. 치료자는 심리장애의 본질과 치료에 관한 REBT의 견해를 내담자에게 적극적으로 가르친다. 심리 교육은 워크숍 형태의 간접 교육으로 진행할 수도 있고, 개인치료, 커플치료, 가족치료, 집단치료 형태의 직접 치료로 수행할 수도 있다.

심리 교육의 내용

REBT 치료자는 내담자에게 다음과 같은 다양한 내용을 가르친다.

1. 치료를 시작할 때부터 REBT의 본질을 교육한다. 내담자가 치료자에게 현실적으로 무엇을 기대할 수 있는지, 그리고

치료자가 내담자에게 현실적으로 무엇을 기대하고 있는지 가르친다.

- 삶의 역경이 내담자를 고통스럽게 만든 것이 아니라 내담자가 삶의 역경을 심리장애로 만든 것이다.
- 내담자가 삶의 역경에 대해 비합리적 신념을 적용했기 때문에 심리장애를 갖게 된 것이다.
- 치료자가 어떤 역할을 할 것인지 소개한다.
- 내담자는 어떤 역할을 할 것인지 교육한다.

치료자가 이런 내용을 초반에 소개하면, 내담자는 REBT를 계속할 것인지 아니면 중단할 것인지를 결정한다.

2. 건강하지 못한 부정 정서의 역동을 교육한다. 각각의 불편한 감정은 A에 해당하는 전형적인 추정, B에 해당하는 경직되고 극단적인 신념, C에 해당하는 결과적 행동 및 사고와 연관되어 있다는 것을 보여 준다.
3. 문제를 포착하는 방법을 교육하고, 현실적이고 성취 가능한 목표를 설정한다.
4. 현재 시점에서 문제로 여겨지는 표적 증상을 선택하고, ABC 모형을 활용하여 정확하게 파악한다.
5. 이차적 문제인 상위 정서를 포착하고, 일차적 문제와 이차적 문제 중에서 무엇을 먼저 다룰지 결정한다.
6. 비합리적 신념을 합리적 신념으로 수정하여 현재 시점의 삶

의 역경과 전반적인 삶의 고통과 관련된 심리장애에서 벗어날 수 있도록 교육한다.

7. 비합리적 신념을 수정하기 위해서는 먼저 그 신념의 경험성, 실용성, 논리성에 의문을 품어야 한다는 점을 가르친다. 신념에 도전하는 방법을 구체적으로 교육하고, 비합리적 신념이 비합리적인 이유와 합리적 신념이 합리적인 이유를 스스로 파악할 때까지 질문을 계속하도록 격려한다. 그것이 가능하다면 이성적 통찰 단계에 이른 것이다. 이성적 통찰은 변화의 완성이 아니라 기초다. 내담자는 대개 "머리로는 알겠는데 실제로는 어렵다."고 보고한다.
8. 다음 단계인 정서적 통찰을 촉진하기 위해서는 다양한 방법을 동원해야 한다는 점을 교육하고, 구체적인 기법을 훈련한다. 정서적 통찰은 내담자의 정서를 변화시킨다.
9. 내담자가 자기도 모르게 장애를 영속화하고 있는 방식을 밝혀내고, 악순환의 고리를 끊어 내려면 어떻게 해야 하는지 가르친다.
10. 문제가 호전되었다면, 장애의 재발 가능성을 최소화하기 위해서 내담자가 어떻게 해야 하는지 가르친다.
11. 심리치료를 통해 새롭게 학습한 내용을 다른 영역으로 일반화하는 방법을 교육한다. 스스로를 치료하는 능력을 발휘하기 위해서 내담자가 어떻게 해야 하는지 가르친다.

심리 교육의 방식

치료자는 심리적 고통이 사건 자체 때문이 아니라 사건에 대한 경직된 신념 때문에 발생한다는 사실을 내담자가 이해하도록 돕고, 고통을 초래하는 비합리적 신념에서 벗어나서 그것에 의문을 제기하는 방법을 내담자가 학습하도록 이끈다. REBT 및 CBT 치료자는 조력자일 뿐이다. 왜냐하면 내담자가 스스로 장애의 본질을 깨우치는 것이 최선이기 때문이다. 15장에서 살펴본 것처럼 심리적으로 건강한 사람은 주체적으로 사고한다. 이런 맥락에서 CBT 및 REBT 치료자는 소크라테스식 문답법을 활용하여 내담자의 자기 발견을 촉진한다. 이것은 치료자가 내담자에게 개방형 질문을 던지고, 문제의 핵심과 결부된 생각을 내담자가 스스로 발견하도록 안내하며, 그 생각을 내담자가 직접 평가하고 수정하도록 이끄는 방법이다. 소크라테스식 문답법을 활용하는 치료자는 내담자의 생각에 어떤 문제가 있는지, 그리고 그것을 어떻게 수정해야 하는지에 대해서 교훈적으로 언급하거나 일방적으로 강의하지 않는다. REBT 치료자도 소크라테스식 문답법이 내담자의 주체적 사고를 유도한다는 점을 인정하기 때문에 이에 호의적이다. 하지만 때로는 더욱 직접적으로 가르치는 방법을 채택하기도 한다. 특히 소크라테스식 문답법을 시도했으나 내담자가 적절히 이해하지 못할 때 그렇다. 일부 내담자는 소크라테스식 교육에는 전혀 반응하지 않지만 교훈적인 방식으로 접근할 때는 치료 효과를 나타내기도 한다. 그래서 REBT

치료자는 CBT 치료자에 비해 강의식 접근을 더 자주 사용한다. 여기서 내가 강조하고 싶은 것은 내담자에게 적합한 방법을 유연하게 적용해야 한다는 점이다.

REBT 치료자 중에는 치료자의 주된 역할은 개입이 아니라 교육이라고 주장하는 사람도 있다. 즉, 내담자가 정서적 문제를 해결하도록 돕는 역할보다 내담자가 REBT의 변화 전략을 능숙하게 사용할 수 있도록 교육하는 역할을 더 강조하는 것이다. 그렇게 했을 때 내담자 스스로 자신의 문제를 해결하는 역량이 향상되기 때문이다. 교육을 더 중시하는 치료자들은 기술 훈련을 강조하며 다양한 치료 교재를 활용한다(Dryden, 2001).

19

치료 순서: 장애, 불만, 성장

내담자가 REBT 치료자를 찾아오는 이유는 다양하다. 정서장애를 호소하는 내담자도 있고, 실질적 불만을 토로하는 내담자도 있으며, 개인적 성장을 희망하는 내담자도 있다. 따라서 치료 순서의 문제가 제기되는데, REBT는 이에 대해 논리적이고 독창적인 답변을 제시한다.

장애를 불만보다 먼저 다룬다

특별한 이유가 없는 한 정서장애를 실질적 불만보다 먼저 다루는 것이 바람직하다. 그렇게 하는 까닭은 이렇다. 정서장애를 먼저 다루지 않으면, 실질적 불만(즉, 사건 A)을 개선하려는 내담자의 노력이 적절한 효과를 내지 못할 가능성이 크다. 부정적 정서로 인해 내담자의 노력이 감소될 것이기 때문이다.

일례로 아내의 소비 습관에 불만이 많은 남편의 경우를 살펴보자. 그는 아내의 과소비 행동에 대해서 건강하지 못한 분노를 느꼈고, 아내와 대화할 때마다 언성을 높이고 분노를 드러냈으며, 아내를 폄하하고 아내의 과소비 행동을 비난했다. 그는 실질적 불만(즉, 아내의 소비 습관)을 먼저 해결하려고 시도했던 것이다. 남편의 행동은 아내에게 어떤 영향을 미쳤겠는가? 과연 그녀가 자신의 과소비 행동을 객관적으로 돌이켜 보는 기회를 제공했을까? 물론 그렇지 못했다. 남편의 공격을 받은 아내는 자신과 남편에게 분노를 느꼈고 이전보다 더 방어적으로 반응했다. 만약 남편이 자신의 건강하지 못한 분노 문제를 먼저 다루었다면 어떤 결과가 빚어졌을까? 남편은 아내와 아내의 행동을 구분해야 했다. 남편이 아내를 실수할 수 있는 불완전한 인간으로 수용했다면 그는 아내의 과소비 행동을 정서장애의 증후로 받아들일 수도 있었을 것이다. 이렇게 남편이 아내에게 연민을 보였다면 그녀의 반응도 완전히 달라졌을 것이다. 아내는 덜 방어적으로 반응했을 것이다. 남편이 건강하지 않은 분노를 품지 않았기 때문에 아내도 건강하지 않은 분노를 품지 않았을 것이기 때문이다. 이런 식으로 분노를 먼저 다루었다면 남편은 실질적 불만을 보다 효율적으로 해결할 수 있었을 것이다.

장애를 성장보다 먼저 다룬다

1960년대 후반부터 1970년대 초반까지 나는 참만남 집단(encounter group)에 참석하곤 했다. 당시는 개인적 성숙과 성장이 유행하던 시대였다. 안타깝게도 참만남 집단의 참여자 중에는 정서적 문제를 지니고 있는 사람이 많았고 이로 인해 역효과가 나타나는 경우가 종종 있었다. 심리적 탄력성이 부족한 참여자에게 과도한 성장을 강요했기 때문에 오히려 부정적인 결과가 초래되었던 것이다.

일반적으로 정서적 고통을 겪고 있는 상태에서는 심리적으로 성숙하기가 매우 어렵다. 정서장애를 가지고 있는 사람에게 심리적 성장을 요구하는 것은 발목에 무거운 모래주머니를 매달고 험준한 산맥을 등반하라고 떠미는 것과 같다. 최적의 등반 기술을 논의하기 전에 모래주머니부터 먼저 제거하는 것이 지혜로운 선택이다.

불만을 성장보다 먼저 다룬다

Abraham Maslow(1968)는 자기실현 분야의 권위자다. 그에 따르면 낮은 단계의 욕구에 집착하고 있는 사람은 높은 단계의 욕구에 주목하는 것이 매우 어렵다. 예컨대, 내담자가 일상생활 전반에서 불만을 경험하고 있으며 동시에 자신의 글쓰기 능력을 계발하기를 원한다고 가정해 보자. 치료자는 어떤 문제를 먼저 다루어야 할까? 가난과 궁핍이 위대한 작가를 만들어 내는 것처럼 예외적인 경우가 아니라면 당연히 실질적 불만을 우선으로 다루어야 할 것이다.

지금까지 REBT가 추천하는 치료 순서를 제시했지만, 이것 역시 유연성을 발휘해야 하는 영역임에 틀림이 없다. 치료자가 논리적인 이유를 설명했음에도 내담자가 다른 순서로 치료받기를 원하면서 주장을 고집한다면, 내담자의 요구에 맞추어 순서를 조정할 수 있다. 모든 가능성은 열려 있지만 치료 결과가 REBT의 입장을 지지할 것이다.

20

치료 초점: 비합리적 신념

인지는 여러 수준의 체계로 구성되어 있다. 인지체계의 표층에서는 사건에 대한 추정인 자동적 사고가 나타나고, 중층에서는 전형적인 정보처리 스타일이 드러나며, 심층에서는 인지 도식이 작동한다. REBT가 주목하는 비합리적 신념은 인지체계의 심층에 해당하는 인지 도식에 가깝다. 대부분의 CBT 치료자는 표층의 자동적 사고부터 탐색을 시작하지만, REBT 치료자는 특별한 이유가 없는 한 가급적 신속하게 심층의 비합리적 신념을 파악하는 가설적-연역적 치료 작업을 수행한다. 경직되고 극단적인 비합리적 신념이 심리장애의 근원이기 때문이다 (DiGiuseppe, 1991a).

치료 초기부터 비합리적 신념에 주목하는 까닭은 다음과 같다. 정서장애의 핵심은 경직되고 극단적인 비합리적 신념이므로 정서 문제를 효과적으로 치료하기 위해서는 내담자가 자신이 붙들고 있는 비합리적 신념을 파악해야 하며, 그것을 유연하고 비극단적인 합리적 신념으로 수정해야 한다. 따라서 특별한 이유가 없는 한 치료 초기부터 비합리적 신념에 주목하는 것이 가장 효율적인 방법이다.

REBT 치료자는 치료 시간에 논의할 문제를 내담자가 스스로 선택하게 하고, 3장에서 언급한 ABC 모형에 부합하는 일련의 질문을 통해서 구체적인 사례를 파악한다. 이 과정에서 REBT 치료자는 내담자로 하여금 자신의 추정(즉, A)을 일단 진실이라고 가정하게 하는 방식으로 비합리적 신념을 포착한다. 이에 비해 CBT 치료자는 치료 초기에 자동적 사고에서 드러난 왜곡된 추정이나 정보처리 과정에서 범한 인지적 오류를 다루는 경향이 있다.

21

비합리적 신념의 수정

REBT 치료자는 내담자의 경직되고 극단적인 비합리적 신념을 유연하고 비극단적인 합리적 신념으로 변화시키려고 노력한다. 비합리적 신념을 수정하기 위해서는 몇 가지 단계가 필요하다.

비합리적 신념의 포착

첫 번째 단계로, 내담자가 자신의 비합리적 신념을 포착할 수 있게 돕는 작업을 진행한다. 이를 위해 REBT 치료자는 비합리적 신념의 정의와 특징을 교육한다. 4장과 6장에서 살펴봤듯이 비합리적 신념의 핵심 특징은 경직성과 극단성이다. 경직된 신념은 주로 강력한 요구 및 교조적 의무의 형태로 나타나며, 경직된 신념에서 파생된 극단적 신념은 파국화 신념, 감내 불능 신념 그리고 자기와 타인과 인생에 대한 비하적 신념으로 드러난다. 치료자의 안내와 내담자의 탐색이 맞물리면서 정서적 문제를 초래하는 비합리적 신념을 포착하는 것이 가능해진다.

비합리적 신념과 합리적 신념의 변별

두 번째 단계로, 내담자가 삶의 역경에 비합리적으로 반응하지 않고 합리적으로 반응할 수 있게 돕는 작업을 진행한다. 정서 문제를 효과적으로 치료하기 위해서는 내담자가 비합리적 신념과 합리적 신념을 변별할 수 있어야 한다. 이 단계에서 REBT 치료자는 비합리적 신념의 정의와 형태뿐만 아니라 합리적 신념의 정의와 형태를 설명하면서 내담자가 두 가지 신념의 차이점을 명확하고 온전하게 이해하도록 교육한다. 합리적 신념의 핵심 특징은 유연성과 비극단성이다. 이것이 매우 중요하다.

예컨대, 내담자의 경직된 신념(예: '나는 새로 부임한 상사에게 반드시 좋은 인상을 심어 주어야 한다.')에 대해서 치료자가 합리적 대안(예: '나는 새로 부임한 상사에게 좋은 인상을 심어 주고 싶다.')을 제시하는 것만으로는 부족하다. 치료자가 제시한 대안이 비극단적이기는 하지만 충분히 유연하지는 못하기 때문이다. 5장에서 살펴봤듯이 유연한 신념은 주장된 선호와 거부된 선호를 모두 반영해야 한다. 따라서 내담자의 경직된 신념에 대한 대안으로 제시할 수 있는 유연한 신념은 '나는 새로 부임한 상사에게 좋은 인상을 심어 주고 싶다. 하지만 반드시 그렇게 되어야 하는 것은 아니다.'이다.

〈표 21-1〉에 비합리적 신념(즉, 경직된 극단적 신념)과 합리적 신념(즉, 유연한 비극단적 신념)의 온전한 차이점을 명쾌하게 제시하였다.

〈표 21-1〉 비합리적 신념과 합리적 신념의 차이점

비합리적 신념	합리적 신념
• 강력한 요구 '반드시 ~해야 한다.'	• 비교조적 선호 '나는 ~하기를 바란다. 하지만 반드시 ~해야 하는 것은 아니다.'
• 파국화 신념 '만약 ~하면, 끔찍할 것이다.'	• 항파국화 신념 '만약 ~하면, 힘겨울 것이다. 하지만 끔찍하지는 않을 것이다.'
• 감내 불능 신념 '만약 ~하면, 견딜 수 없을 것이다.'	• 감내 가능 신념 '만약 ~하면, 견디기 어려울 것이다. 하지만 나는 버텨 낼 수 있고, 그렇게 하는 것이 나에게 의미가 있다.'
• 비하적 신념 '만약 ~하면, 자기/타인/인생이 무가치하다.'	• 수용적 신념 '만약 ~하더라도, 자기/타인/인생이 무가치한 것은 아니다. 사람은 언제든지 실수할 수 있고, 인생은 복잡한 사건들로 이루어지기 때문이다.'

비합리적 신념과 합리적 신념의 논박

마지막 단계로, 치료자가 내담자와 함께 비합리적 신념과 합리적 신념을 논박하는 작업을 진행한다. 이 작업은 내담자가 비합리적 신념과 정서 문제 사이의 관계 및 합리적 신념과 치료 목표 사이의 관계를 충분히 이해한 다음에 수행되어야 한다.

DiGiuseppe(1991b)가 지적했듯이 논박은 내담자의 비합리적 신념뿐만 아니라 합리적 신념에도 의문을 제기하는 작업이다. 치료자와 내담자는 비합리적 신념이 비합리적인 이유(즉, 거짓이고 비논리적이며 대체로 바람직하지 못한 결과를 초래함)와 합리적 신념이 합리적인 이유(즉, 참이고 논리적이며 대체로 바람직한 결과를 초래함)를 철저하게 조사한다. 더 나아가서 치료자는 내담자가 치료자와 동일한 수준의 통찰에 이를 때까지 간략한 교훈적 설명을 제공한다. 이러한 의문과 설명의 초점은 내담자가 붙들고 있는 신념의 극단성 여부뿐만 아니라 경직성 여부에도 맞춰져야 한다. 다양한 논박 방법을 23장에서 소개하겠다.

REBT는 어떤 시점에서는 혹은 어떤 내담자와는 치료자가 강력하게 논박하는 것이 필요하다고 강조한다. 이것이 REBT가 CBT와 구분되는 독특한 점이다. 특히 내담자가 저항할 때 논박이 강력해진다(Ellis, 2002). 이에 반해 전통적인 CBT는 내담자가 치료자의 도전을 지나친 직면으로 받아들일 우려가 있으므로 치료자가 내담자의 역기능적 믿음에 도전하는 작업을 삼가야 한다고 주장한다. 치료자는 내담자가 자신의 역기능적 믿음을 조사하고, 평가하고, 검증할 수 있도록 돕는 역할을 해야 한다는 것이다. 이것은 논박에 비해 훨씬 부드러운 방법이다(Beck, 2002).

22

경험적 · 실용적 · 논리적 논박

CBT 치료자처럼 REBT 치료자도 내담자로 하여금 자신의 신념이 과연 경험적으로 근거가 있는지 그리고 실용적으로 쓸모가 있는지 따져 보도록 안내한다. 그러나 CBT 치료자와 달리 REBT 치료자는 내담자로 하여금 자신의 신념이 과연 논리적으로 타당한 것인지도 살펴보도록 유도한다. 대체로 경험적 논박과 실용적 논박이 논리적 논박보다 내담자에게 더 설득력 있는 개입일 수 있지만, 이와 관련된 연구가 수행되지 않았기 때문에 단언하기는 어렵다. 사정이 이러한데도 REBT 치료자가 논리적 논박을 구사하는 까닭은 다음과 같다.

첫째, 어떤 내담자에게 어떤 논박이 가장 설득력이 있는지 선험적으로 단정할 수는 없기 때문이다. 즉, 비합리적 신념을 합리적 신념으로 수정하는 데 논리적 논박이 가장 효과적인 내담자도 존재할 수 있으므로 상당수의 내담자에게서 특별한 효과를 내지 못했다는 이유만으로 논리적 논박을 배제해서는 안 된다.

논리적 논박이 효과를 발휘하는 내담자에게는 그것을 구사하는 것이 당연히 유익하기 때문이다. 따라서 REBT 치료자는 세 종류의 논박을 모두 사용하면서 어떤 논박이 내담자에게 가장 효과적인지를 유심히 살펴본다.

둘째, REBT 치료자는 내담자의 신념을 포괄적으로 논박하기 위해서 경험적 · 실용적 · 논리적 논박을 모두 구사한다. 포괄적으로 논박하는 것 자체가 효과적일 수 있기 때문이다. 즉, 비록 내담자가 경험적 논박과 실용적 논박이 논리적 논박보다 더 설득력이 있다고 여기더라도 논리적 논박을 추가함으로써 논박의 전체적인 효과가 증가될 것이므로 여전히 유용하다. 예컨대, 어떤 내담자는 논박을 통해서 자신의 비합리적 신념이 경험적으로 근거가 없는 신념이며 실용적으로 쓸모가 없는 신념이라는 점을 알아차렸지만, 논리적으로는 타당한 신념이라고 주장할 수 있다. 이런 경우, 논리적 논박을 배제할 수는 없을 것이다.

논리적 논박의 실제

비합리적 신념에 대한 논리적 논박을 REBT 치료자가 실제로 어떻게 구사하는지 살펴보자.

내담자의 경직된 강요와 비교조적 선호를 파악한 치료자는 내담자에게 다음과 같이 질문한다. “두 가지 중에서 무엇이 논리적이고 무엇이 비논리적입니까? 그리고 왜 그렇게 생각하십니까?”

내담자는 경직된 강요가 비논리적이고 비교조적 선호가 논리적이라는 점을 이해할 필요가 있다. 아울러 내담자는 자신의 강요와 선호가 사실은 동일한 소망에서 비롯되었다는 것도 인식해야 한다. 경직된 강요는 소망이 다음과 같이 변질된 것이다.

- "나는 ~가 발생하기를(혹은 발생하지 않기를) 소망한다. …… 그러므로 반드시 ~가 발생해야 한다(혹은 발생하지 않아야 한다.)."

치료자는 앞의 신념이 두 가지 요소로 구성되어 있다는 사실을 내담자에게 보여 준다. 신념의 전반부(즉, '나는 ~가 발생하기를 소망한다.')는 경직되지 않았지만, 후반부(즉, '그러므로 반드시 ~가 발생해야 한다.')는 경직되었다. 결론적으로 내담자의 경직된 강요는 비논리적이다. 왜냐하면 경직되지 않은 소망에서 경직된 강요를 도출하는 논리적 오류를 범했기 때문이다. 이것을 시각적으로 설명하기 위해서 [그림 22-1]과 같은 자료를 활용할 수도 있다.

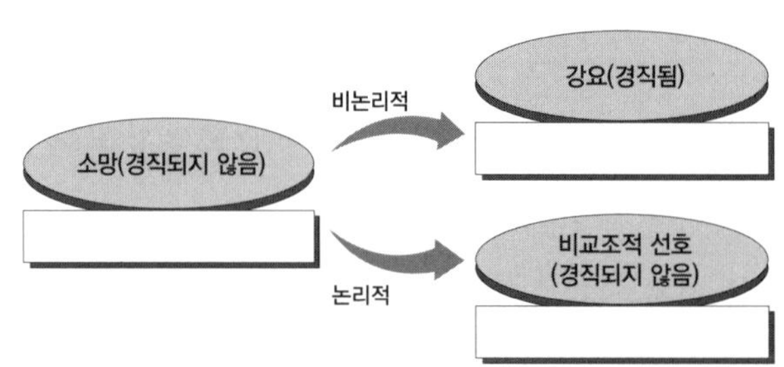

[그림 22-1] 강요와 선호를 변별하는 논리적 논박

비교조적 선호는 동일한 소망을 다음과 같이 표현한 경우다.

- "나는 ~가 발생하기를(혹은 발생하지 않기를) 소망한다. …… 그러나 내가 항상 그런 소망을 충족시킬 수는 없다."

내담자의 비교조적 선호는 논리적이다. 왜냐하면 신념의 전반부와 후반부가 모두 경직되지 않았고, 경직되지 않은 소망에서 경직되지 않은 선호를 논리적으로 도출했기 때문이다. 앞 경우와 마찬가지로 이것을 시각적으로 설명하기 위해서 [그림 22-1]과 같은 자료를 활용할 수도 있다.

치료자의 질문에 내담자가 부정확하게 답변한다면, 내담자의 답변이 부정확한 이유를 논의하면서 정확한 답변을 채택하도록 이끌어야 한다.

논리적 논박의 사례

Dryden(2002)에서 발췌한 Ellis의 사례를 소개하겠다. Ellis는 자신이 친구를 매우 정중하게 대했으므로 친구도 자신을 반드시 정중하게 대해야 한다는 비합리적 신념을 붙들고 있는 내담자와 함께 다음과 같은 논리적 논박을 수행했다.

치료자: 일단 당신이 상황을 정확하게 묘사했다고 가정해 봅시다.

당신은 친구를 정성껏 대우했는데, 친구는 당신을 함부로 대우했다는 말씀이시네요. 어째서 당신이 친구를 정성껏 대우하면 친구도 당신을 반드시 정성껏 대우해야 한다는 논리가 성립되죠?

내담자: 그렇지 않으면 정당하지 않잖아요!

치료자: 그래요, 이해가 됩니다. 당신은 정당하고 친구는 부당하네요. 그런데 당신은 '내가 친구를 정성껏 대우했으므로 친구도 나를 정성껏 대우해야 한다.'는 생각에서 거리를 두고 떨어져 나올 수 있겠습니까?

내담자: 하지만 나는 정당한데 친구는 부당하면 그 친구가 잘못된 것 아닌가요?

치료자: 그래요, 무슨 말씀인지 알겠습니다. 하지만 당신이 친구를 정성껏 대우했기 때문에, 그리고 아마도 당신이 정당하고 친구가 부당하다는 이유 때문에 그 친구가 당신을 반드시 정성껏 대우해야 하고 반드시 정당하게 행동해야 한다고 주장할 수 있는 건가요?

내담자: 그렇죠. 논리적으로 그렇잖아요.

치료자: 그런가요? 제가 보기에는 논리적인 추론이 아닌 것 같은데요?

내담자: 어째서죠?

치료자: 당신이 친구를 정성껏 대우한 것처럼 친구도 당신을 정성껏 대우해 주기를 바라는 마음은 충분히 이해가 됩니다. 하지만 낭신은 비논리적인 혹은 마술적인 오류를 범하고 있

습니다. '친구가 나를 정성껏 대우하기를 바란다.'가 아니라 '친구가 나를 반드시 정성껏 대우해야 한다.'고 말씀하셨으니까요. 친구가 반드시 그렇게 행동해야 한다는 어떤 논리적인 법칙이 세상에 존재하나요?

내담자: 제가 알기로…… 그렇지는 않습니다.

치료자: 그렇습니다. 어떤 주장이 논리적이려면 필연적인 결론을 도출할 수 있어야 합니다. 예컨대, '모든 남자는 인간이다. 그는 남자다. 그러므로 그는 인간임이 틀림없다.'와 같은 논리적 필연성 말입니다. 하지만 당신이 주장하는 논리는 이렇습니다. '정성껏 대우받은 사람은 종종 타인을 정성껏 대우한다. 나는 친구를 정성껏 대우했다. 그러므로 친구도 나를 반드시 정성껏 대우해야 한다.' 이것이 정말 논리적인 결론인가요?

내담자: 꼭 그렇지는 않은 것 같네요.

치료자: 한 가지 더 따져 봅시다. 당신은 나는 정당하게 행동했는데 친구가 부당하게 행동했으므로, 친구의 부당한 행동은 곧 그 친구가 나쁜 사람임을 의미한다고 주장하고 있는 것 같습니다. 그것이 논리적인 생가인가요?

내담자: 어째서 논리적이지 않다는 거죠?

치료자: 과잉일반화가 끼어 있기 때문에 비논리적입니다. 당신은 친구의 잘못된 행동이나 친구의 특질 중에서 한 가지를 토대로 그 친구 전체를 '나쁜 사람'이라고 성급하게 결론지었습니다. 친구의 몇몇 행동을 문제삼아서 과잉일반화하는 것

이 과연 논리적인가요?

내담자: 무슨 말씀인지 알겠습니다.

치료자: 좋습니다. 그렇다면 당신은 더 논리적인 결론을 도출할 수 있겠습니까? [이 시점에서 Ellis는 내담자가 적극적으로 사고하도록 격려한다.]

내담자: 그래요. 제가 친구의 행동을 친구라는 사람 자체와 동일한 것으로 여겼네요. 사실 제 친구는 종종 바람직하지 못한 행동을 하는 사람이네요. 항상 그런 것이 아니라요.

치료자: 아주 좋습니다. 일반 의미론을 주창한 Alfred Korzybski 박사도 당신의 새로운 결론에 전적으로 동의할 것 같습니다.

23

치료 양식

CBT에서 권장하는 치료 양식은 협력적 경험주의에 뿌리를 두고 있다(Beck, Rush, Shaw, & Emery, 1979). 협력적 경험주의의 요체는 치료자와 내담자를 동등한 파트너로 간주하는 것이다. 따라서 치료자는 내담자와 함께 인지적 정확성 및 현실성이라는 치료 목표를 추구하면서 내담자가 지니고 있는 비현실적으로 왜곡된 인지를 포착하고 평가하는 작업을 수행한다. 그러나 REBT의 입장은 조금 다르다. REBT 치료자는 CBT 치료자에 비해서 더욱 다양한 치료 양식을 채택한다. 일례로, 1981년에 나는 안식년을 얻어서 필라델피아에 있는 인지치료센터에서 반 년 동안 수련한 적이 있다. 당시에 수련생은 자신이 치료한 사례를 비디오 녹화 자료와 함께 발표해야 했는데, 나는 돈독한 라포를 형성했던 내담자의 사례를 공개했다. 나는 적절한 유머를 활용해서 내담자가 자신의 왜곡된 인지를 재평가할 수 있게 이끌었고, 치료 결과는 상당히 효과적이었다. 하지만 사례 회의가 끝날 때까지 나는 협력적 경험주의의 원칙을 충실하게 따르지 않았다는 지적을 받았고, 어떻게 하면 유머를 사용하지 않고서도 동일한 치료 효과를 얻을 수 있는지를 논의하는 데 대부분의 시간이 할애됐다.

돌이켜 보면, 그때의 경험이 내가 인지치료에서 멀어지고 다시 REBT에 전념하게 된 하나의 계기가 되었던 것 같다. REBT는 다양한 치료 양식을 통합할 수 있는 충분히 포괄적인 이론을 제공했으며, 나는 내가 지니고 있는 성격의 여러 측면을 적절하게 드러내면서 효과적으로 내담자를 치료할 수 있었다. 이것은 내가 인간중심치료 및 정신역동치료의 수련을 선택하지 않은 주요한 이유이기도 했다. 내가 보기에 이 두 가지 치료 접근 모두 내가 지니고 있는 성격의 일부만 드러내도록 제한했기 때문에 진솔한 치료자가 될 수 없다고 생각했던 것이다.

이에 반해 REBT는 치료자가 적극적이고 주도적일 필요가 있다는 지침 외에는 치료 양식을 협소하게 제한하지 않는다. REBT 치료 양식이 유연하다는 사실은 DiGiuseppe(1991b)가 분류한 비합리적 사고를 논박하는 여러 스타일에서 잘 드러난다. 그는 네 가지의 논박 스타일, 즉 문답식, 교훈식, 비유식, 유머식 스타일을 구분했다. 나는 여기에 연기식 스타일을 추가했다. 각각에 대해서 간략히 소개하겠다.

- 문답식(Socratic) 스타일: 21장에서 논의했듯이, REBT 치료자는 내담자에게 개방형 질문을 던진다. 이를 통해 내담자가 자신의 비합리적 신념이 비합리적이라는 점과 합리적 신

념이 합리적이라는 점을 인식하게 하고, 그 까닭을 파악하게 돕는다.

- 교훈식(Didactic) 스타일: REBT 치료자는 내담자가 교훈의 핵심을 이해할 수 있다고 확신하면서 앞과 동일한 내용을 내담자에게 직접적으로 교육한다.
- 비유식(Metaphorical) 스타일: REBT 치료자는 비합리적 신념의 비합리성과 합리적 신념의 합리성을 잘 드러내는 비유나 이야기를 내담자에게 들려준다. 하지만 비유를 사용하더라도 비주도적으로 접근하는 치료와 달리 REBT 치료자는 내담자가 비유의 핵심을 이해할 수 있다고 확신한다.
- 유머식(Humorous) 스타일: REBT 치료자는 내담자가 자신이 붙들고 있는 비합리적 신념이 매우 우스꽝스러운 것이라는 사실을 깨닫도록 돕기 위해 유머를 사용한다.
- 연기식(Enactive) 스타일: REBT 치료자는 비합리적 신념의 비합리성을 드러내기 위해서 치료 장면에서 연기하듯이 행동한다. 예컨대, 자신의 행동 때문에 자신의 전체를 비하하는 내담자의 비합리성을 드러내기 위해서 때때로 나는 치료 시간에 내 옷에 물을 붓곤 한다. 그리고 내담자에게 내 행동이 어리석어 보이는지 질문한다(논란의 여지가 있지만 대답은 '그렇다.'이다). 아울러 내담자에게 그런 어리석은 행동을 한 사람인 내가 그 자체로 어리석은 사람인지 질문한다(합리적으로 생각할 때 대답은 '아니다.'이다). 추측건대, 아마 대부분의 CBT 치료자는 연기식 스타일을 치료 무기로 자주 활용

하지 않을 것이다.

Arnold Lazarus(1981)는 유능한 치료자는 믿을 만한 카멜레온 같다고 묘사했다. 치료자는 내담자가 원하는 것을 주의 깊게 파악하고 그에 걸맞은 치료 스타일을 적용해야 한다. 즉, 치료 관계에서 진실하지만 유연하게 반응하고 적절하게 수정할 준비가 되어 있어야 한다는 뜻이다. REBT는 이러한 견해에 전적으로 동의한다.

24

치료 속도

REBT의 특징은 치료 속도에 대한 견해에서도 드러난다. 치료 속도는 내담자가 삶의 역경에 직면해야 하는 기간 그리고 내담자가 합리적 사고방식을 훈련해야 하는 시간은 어느 정도가 이상적이냐의 문제와 직결된다. 오래전에 Joseph Wolpe(1958)는 상호 억제의 원리를 활용하는 체계적 둔감화 기법을 개발했다. 그는 위협에 대한 불안 반응을 억제하고 그것을 불안 상태와 양립할 수 없는 이완 반응으로 대체하는 것이 불안장애를 치료하는 최선의 방법이라고 주장했다. 그에 따르면, 치료자는 불안 유발 상황을 위계적으로 파악하고 점진적으로 치료해야 하며, 내담자는 이완 상태에서 불안 유발 상황을 상상해야 한다. 상상을 통해 불안 상태가 초래되면, 내담자는 불안 유발 상황에 대한 상상을 중단하고 이완 상태로 되돌아가야 한다. 내담자가 충분히 이완되어야 다시 불안 유발 상황을 상상할 수 있다. 내담자가 이완되면 한 수준 높은 위계의 불안 유발 상황을 상상하고 앞과 동일한 절차를 반복한다. 치료자와 내담자는 이완 상태에서 가장 높은 위계의 불안 유발 상황을 상상할 수 있을 때까지 점진적으로 노출한다.

Ellis(1983b)는 불안장애 및 심리장애를 점진적으로 치료하는 모형에 반대했다. 그는 불안 유발 상황에 대한 합리적 사고를 훈련하면서 가급적 내담자가 감당할 수 있는 수준의 강렬한 공포에 직면시키는 것이 효과적이라고 주장했다. 여기에는 세 가지 이유가 있다.

첫째, 점진적 치료는 치료 비용에 비해 치료 효과가 떨어진다. 높은 위계로 진행하는 데 너무 많은 시간이 걸리기 때문이다. 특히 내담자가 복잡하고 다양한 문제를 지니고 있을 때 더욱 그렇다.

둘째, 점진적 치료는 내담자의 자기신뢰를 향상시키지 못한다. 절차의 특성상 치료자에게 과도하게 의존해야 하기 때문이다. 비록 최근에는 자동화된 둔감화 기법이 개발되었지만 말이다.

셋째, 점진적 치료는 의도치 않게 두 종류의 부작용을 초래한다. 이것이 가장 결정적인 이유다.

1. 점진적 치료는 내담자의 감내 불능 신념을 은연중에 강화하는 부작용이 있다. 불안을 반드시 회피해야 한다는 생각이나 불안을 최소한으로 경험해야 한다는 생각을 암묵적으로 내포하기 때문이다. 이로 인해 내담자는 불안에 대한 불안을 경험하게 되고 잠정적으로 불안할 수 있는 상황을 회피하게 될 우려가 있다.

2. 점진적 치료는 내담자가 자신을 취약한 존재로 여기도록 은연중에 유도하는 부작용이 있다. 자신이 너무 취약하기 때문에 스트레스 상황에 전혀 대처할 수 없다고 생각하게 될 우려가 있다.

REBT 치료자는 최대한의 실제 노출을 선호하는 경향이 있다. 내담자가 정말로 두려워하는 상황에 직면했을 때 합리적으로 생각하는 훈련이 필요하기 때문이다. 실제 노출에 성공하면 신속한 치료적 진전을 기대할 수 있다. 그러나 처음부터 최대한으로 노출할 수 있는 내담자는 많지 않다. 그렇다고 해서 점진적 노출로 회귀할 것이 아니라 REBT 치료자는 '도전적인 그러나 압도적이지는 않은' 절차에 따라서 내담자가 과감하게 노출하도록 격려할 필요가 있다(Dryden, 1985). 내담자가 아직 최대한으로 노출할 수 있는 상태가 아니라고 판단된다면, 치료자는 도전적이기는 하지만 압도적이지는 않은 상황에 직면하면서 합리적으로 생각할 수 있겠는지 내담자에게 질문한다. '도전적인 그러나 압도적이지는 않은' 절차는 '최대한 노출'과 '점진적 노출' 사이의 유연하고 실용적인 내안이 될 수 있다.

25

변화를 위한 내담자와 치료자의 노력

심리치료를 통한 변화에 대해서 내담자와 주고받은 전형적인 대화를 소개한다.

치료자: 당신은 이 문제를 빠른 속도로 극복하고 싶습니까, 중간 속도로 극복하고 싶습니까, 아니면 느린 속도로 극복하고 싶습니까?

내담자: 빨리 극복하고 싶어요.

치료자: 그렇다면 심리치료 과정에서 당신은 어느 정도의 노력을 기울이고 싶습니까? 스스로 많이 힘들이고 싶은가요, 조금 힘들이고 싶은가요, 아니면 전혀 힘들이고 싶지 않은가요? 솔직하게 말씀해 보세요.

내담자: 솔직히 말하자면, 전혀 힘들이지 않고 나아졌으면 좋겠어요.

치료자: 자, 종합해 봅시다. 당신은 스스로 전혀 힘들이지 않으면서 문제를 최대한 빨리 극복하고 싶은 거네요. 맞습니까?

내담자: 음…… 네…… 하지만 그것은 비현실적인 기대인 것 같네요.

치료자: 왜 그렇게 생각하시죠?

내담자: 제가 오랫동안 지니고 있었던 문제를 전혀 힘들이지 않고 빨리 극복한다는 것은 마술이 아니고서는 불가능하잖아요.

REBT는 심리치료를 통한 변화에 대해서 매우 현실적인 관점을 견지한다. 내담자는 빠른 속도로 전혀 힘들이지 않고 자신의 문제를 극복하고 싶어 하지만 그것은 이상적인 기대에 불과하다. 현실적으로 심리치료를 통해서 변화를 이뤄 내기 위해서는 내담자가 열심히 노력해야 하며 변화의 속도는 내담자의 노력과 상관이 있다.

내담자가 치료적 변화를 위해 열심히 노력해야 하는 까닭은 다음과 같다.

- 내담자는 종종 비합리적으로 생각하는, 그리고 자신의 경직되고 극단적인 신념을 유지하려는 강렬한 생물학적 경향성을 지니고 있다(13장에서 논의한 바 있다.). 결과적으로, 이처럼 막강한 신념을 변화시키기 위해서는 내담자의 상당한 노력이 필요하다.
- 내담자는 종종 경직되고 극단적인 신념을 유지하는 방향으로 실습을 거듭해 왔다. 따라서 그것이 제2의 천성처럼 굳어져 버렸다.
- 내담자는 종종 비합리적 신념에 부합하는 방향으로 생각하

> 고 행동한다. 따라서 비합리적 신념을 합리적 신념으로 변화시키려면 내담자는 합리적 신념에 부합하는 방향으로 생각하고 행동할 필요가 있고, 비합리적 신념에 부합하지 않는 방향으로 생각하고 행동할 필요가 있다.

이것이 Ellis(2003)가 REBT의 특징으로 전념과 노력의 철학을 강조한 까닭이다. 특히 REBT 치료자는 지금 불편하기 때문에 회피하고 싶은 행동에 오히려 전념하라고 내담자를 격려하는데, 그렇게 하는 것이 장차 편안해지는 방법이기 때문이다.

변화를 위한 노력과 열정

앞서 강조했듯이 REBT를 통한 변화는 상당히 힘겨운 과정이므로 내담자가 전념과 노력의 철학을 채택해야 한다. 또한 치료자 역시 변화를 이끌어 내기 위해서 노력과 열정을 기울여야 한다. 비합리적 신념을 논박할 때는 강하게 논박하는 것이 약하게 논박하는 것보다 더 효과적이며, 합리적 신념을 언급할 때도 강하게 언급하는 것이 약하게 언급하는 것보다 더 효과적이다.

마찬가지로 치료자는 내담자의 감정을 강하게 자극하는 정서적 기법을 적극적으로 사용해야 한다. 내담자의 감정을 약하게 자극하거나 혹은 전혀 자극하지 않는 정서적 기법은 별로 도움이 되지 않는다. 내담자의 행동을 변화시키려 할 때도 노력과 열정을 기울여서 강하게 권유하는 것이 그렇게 하지 않을 때보다 훨씬 효과적이다. 특히 수치심을 공략하는 기법이 REBT의 특징을 잘 보여 준다. 치료자는 내담자에게 공공장소에서 '수치스럽게' 행동하도록 권유한다. 이때 그렇게 행동하는 자신을 내담자가 무조건적으로 수용하는 것이 중요하다. 수치심을 공략하는 기법은 정서적 요소에 노력과 열정이라는 행동적 요소가 통합된 좋은 사례다.

할 수만 있다면 REBT 치료자는 정서적 기법과 행동적 기법을 다른 기법과 통합하여 내담자에게 열정적으로 적용한다. Ellis(2003, p. 233)는 다음과 같이 말하고 있다.

> REBT 치료자는 강력한 정서적 · 행동적 요구와 함께 인지적 기법을 적용하려고 노력한다. REBT 치료자는 강력한 인지적 · 행동적 요구와 함께 정서적 기법을 활용하려고 노력한다. REBT 치료자는 강력한 인지적 · 정서적 색채와 함께 행동적 기법을 사용하려고 노력한다.

26

심오한 철학적 변화

REBT는 내담자가 심오한 철학적 변화를 성취할 수 있도록 이끈다는 점에서 일반적인 CBT와 다르다. Ellis(2003, p. 233)의 이야기다.

> REBT 치료자는 단순히 내담자가 지니고 있는 정서적 · 행동적 문제를 극복하는 것이 심리치료라고 생각하지 않는다. REBT 치료자는 내담자가 심리적 고통을 대하는 핵심 태도를 함양할 수 있도록 도와서 그 밖의 다양한 상황에서도 광범하게 적용할 수 있게 하려고 노력한다.

REBT가 표방하는 심오한 철학적 변화는 다음과 같은 요소로 구성된다.

- 간절한 소망을 지니고 행동한다. 그러나 소망이 아무리 간

절하더라도 그것을 자기, 타인, 인생에 대한 강요로 변질시키지는 않는다.

- 간절한 소망이 충족되지 않으면 힘들다는 사실을 인정한다. 그러나 그것이 끔찍하지는 않다는 사실도 함께 인정한다.
- 정말로 그렇게 하고 싶다면, 고통과 좌절을 기꺼이 감내한다.
- 자기를 있는 그대로 무조건적으로 수용한다. 그런 다음 변화시킬 수 있는 자기의 부정적 측면을 변화시키기 위해 노력한다. Ellis(2003)는 이것을 USA(무조건적 자기수용)라고 명명했다.
- 타인을 있는 그대로 무조건적으로 수용한다. 그런 다음 변화시킬 수 있는 타인의 부정적 측면을 변화시키기 위해 영향을 미친다. Ellis(2003)는 이것을 UOA(무조건적 타인수용)라고 명명했다.
- 인생에는 긍정적 · 부정적 · 중성적 측면이 복잡하게 얽혀 있다는 사실을 무조건적으로 수용한다. 그런 다음 인생의 부정적 측면을 변화시키고 긍정적 측면을 활용하기 위해 노력한다. Ellis(2003)는 이것을 ULA(무조건적 인생수용)라고 명명했다.

인생의 모든 영역에서 심오한 철학적 변화를 실현하는 사람은 극소수에 불과하다. Ellis는 이것을 '지극히 우아한 경지(superelegant)'라고 불렀는데(Weinrach, 1980), 대다수의 사람은 이런 상태를 잠깐 동안 유지하는 것도 어렵다. 인생의 거의 모든 영역에서 심오한 철학적 변화를 실현하는 내담자는 극소수다. 그러나 일부 영역에서 심오한 변화를 체험하는 내담자는 그보다 많다. 대부분의 내담자는 인생의 한두 가지 영역에서 철학적 변화를 경험하며, 몇몇은 신념의 변화가 동반되지 않는 일반적 변화를 체험한다(이에 대해서는 27장에서 논의하겠다.).

Beck과 Ellis가 모두 동의하듯이 REBT 치료자는 CBT 치료자보다 내담자의 철학적 변화를 강조하고 이를 적극적으로 교육한다(Ellis, 2003; Padesky & Beck, 2003). 또한 REBT 치료자는 합리적 철학의 내용을 교육하는 데서 그치지 않고, 비합리적 철학을 합리적 철학으로 변화시키는 방법까지 내담자에게 가르친다. 때로는 상당히 구조화된 훈련 방법을 활용하기도 한다(Dryden, 2001).

더 나아가서 REBT 치료자는 내담자가 새로운 합리적 철학을 기존의 신념체계에 통합할 수 있도록 최선을 다해 노력한다. 이를 위해 REBT 치료자는 다양한 정서적 · 행동적 기법을 적극적으로 구사하는데, 이러한 기법의 학습과 활용에 유익한 단계적 지침은 Dryden(2001)을 참고하기 바란다. 여기서는 구체적인 기법을 자세히 소개하는 대신 중요한 논점을 언급하겠다. REBT 치료자가 내담자에게 정말로 가르치고 싶은 것은 인지적 · 정서적 · 행동적 기법 자체가 아니라 이것들의 효과를 극대화할 수 있는 조직화 원리다. REBT의 치료적 효과가 증진되려면 그리고 내담자가 심오한 철학적 변화를 체험할 가능성이 증가되려면 다음과 같은 조건이 요망된다.

1. 내담자가 합리적 신념을 지녀야 하고, 합리적 신념에 부합하는 방식으로 생각하고 행동하며 비합리적 신념에 부합하지 않는 방식으로 생각하고 행동해야 한다. 이런 경우, 모든 심리적 체계가 내담자의 목표 달성을 촉진하는 방향으로 작동한다.
2. 내담자가 혐오하는 상황에 과감히 노출하는 빈도가 증가되어야 한다. 가장 혐오적인 상황에 노출하는 대량 자극법을 사용할 수도 있고, 24장에서 언급한 '도전적인 그러나 압도적이지는 않은' 절차를 사용할 수도 있다.
3. 내담자가 채택한 합리적 신념이 편안하게 느껴질 때까지 불편하더라도 앞 과정을 반복해야 한다.
4. 내담자가 이 과정에서 학습한 것이 다른 상황으로까지 일반화되어야 한다.
5. 내담자가 인생의 모든 영역에 앞의 네 조건을 적용해야 한다.

심오한 철학적 변화를 강조하는 이유

REBT 워크숍을 진행하면서 심오한 철학적 변화의 개념을 소개하고 그것이 매우 어렵다는 점까지 이야기하면 종종 이런 질문을 받는다. "극소수의 내담자만 심오한 철학적 변화를 체험한다면 왜 내담자에게 그것을 가르치는 겁니까?" 나는 이렇게 답변한다.

> 변화의 폭은 예단할 수 없다. 어떤 내담자는 심오한 철학적 변화를 성취할 수 없다고 속단하고 노력을 기울이지 않는다면, 치료자는 내담자가 심오한 철학적 변화를 성취할 수 있는 일말의 가능성마저 박탈한 것이나 다름없다. 따라서 나는 내담자의 변화가 불가능하다는 확실한 증거를 얻기 전까지는 그가 심오한 철학적 변화를 성취할 수 있다고 가정한 상태에서 치료한다. 아울러 어떤 증거가 발견되더라도 나는 내담자가 현실적으로 최선의 철학적 변화를 성취할 수 있도록 돕기 위해서 여전히 노력할 것이다.

나는 REBT가 CBT와 구별되는 차이점이 바로 이것이라고 생각한다.

27

치료적 변화의 절충

지금까지 살펴본 것처럼 REBT 치료자는 가급적 내담자가 삶의 모든 영역에서 심오한 철학적 변화를 성취할 수 있도록 독려한다. 하지만 그것이 어렵다면 가능한 많은 영역에서 변화를 체험할 수 있도록, 그리고 적어도 현재 내담자가 겪고 있는 문제의 영역에서는 변화를 성취할 수 있도록 돕고자 노력한다. 변화의 본질은 신념의 변화다. 그런데 내담자가 자신의 신념을 변화시킬 수 없을 때 혹은 그가 경직되고 극단적인 비합리적 신념을 유연하고 비극단적인 합리적 신념으로 변화시키고 싶어 하지 않을 때 REBT 치료자는 무엇을 할 수 있을까?

적절한 답변은 REBT가 고수하는 유연성의 원칙에서 도출된다. 구체적으로 이야기하자면 REBT 치료자는 내담자가 기대하는 치료 목표에 맞게끔 치료 방향을 얼마든지 절충할 준비가 되어 있다(Dryden, 1987). 만약 내담자가 자신의 비합리적 신념을 변화시키고 싶어 하지 않는다면 치료자와 내담자는 다음과 같은 절충적 변화를 고려할 수 있다.

추정의 변화

치료의 초점을 내담자의 비합리적 신념 대신 왜곡된 추정에 맞추는 것도 가능하다. 이런 경우, 치료자는 내담자가 자신의 추정으로부터 거리를 두고 한 발짝 물러서서 그것의 정확성 여부를 평가하도록 안내한다. 이것은 20장에서 언급했던 REBT의 전형적 치료 전략과 사뭇 다르다. 즉, 전형적인 REBT 치료자는 일단 내담자가 자신의 추정을 잠정적으로 정확하다고 가정하게 한 다음에 왜곡된 추정에 영향을 미치는 비합리적 신념을 포착하고 도전하여 변화시키는 전략을 구사하기 때문이다.

사례를 통해 차이점을 설명하겠다. 해리엇은 절친한 친구인 수잔의 생일파티에 초대받지 못한 일로 마음에 상처를 입었다. 그녀의 추정(즉, ABC 모형의 A)은 '수잔은 내가 따분한 애라고 생각하나 봐.'였다. 전형적인 REBT 치료자는 일단 해리엇이 자신의 추정을 잠정적으로 정확하다고 가정하게 한 다음에, 이러한 추정된 사실에 영향을 미치는 비합리적 신념이 무엇인지 탐색하고 평가하는 작업을 진행할 것이다. 하지만 해리엇이 그것을 원하지 않는다면, 그녀가 아직 작업할 준비가 되지 않았다면, 그녀가 아예 작업을 수행할 능력이 없다면, 혹은 너무 고통스럽기 때문에 작업을 못하고 있다면 어떻게 할 것인가? 이런 경우, REBT

치료자는 왜곡된 추정의 변화를 목표로 다음과 같은 절충적 방법을 구사할 수 있다.

- 내담자의 추정에 주목한다.
- 내담자의 추정을 지지하는 정보와 반증하는 정보를 수집하고, 지지 증거와 반대 증거를 별도로 기록하게 한다.
- 내담자가 수집한 증거를 평가하게 한다.
- 내담자가 추정으로부터 거리를 두고 물러나도록 도우면서 적절한 증거가 확보된 가장 그럴듯한 추정이 무엇인지 선택하게 한다.
- 적절하다면 내담자가 새로운 추정의 정확성을 검증하게 한다.

이러한 절차를 통해서 해리엇은 수잔이 자기를 초대했지만 아마도 배송 과정에서 초대장이 제대로 전달되지 못했을 것이라는 새로운 결론에 도달할 수 있다. 해리엇은 용기를 내서 새로운 추정의 정확성을 실제로 검증했다. 즉, 수잔에게 자초지종을 물어봤던 것이다. 그녀의 새로운 추정은 정확했다.

일단 내담자가 자신의 추정을 변화시킬 수 있는 능력을 갖추게 되면 때때로 치료자의 제안에 흔쾌히 반응한다. 즉, 과거에 거절했던 신념의 변화를 시도할 기회가 생기는 것이다.

행동의 변화

내담자의 비합리적 신념을 변화시키지는 못하지만 내담자의 행동을 건설적으로 변화시키는 것이 행동의 변화다. 행동의 건설적 변화는 두 가지 경우에 가능하다.

1. 내담자가 역기능적 행동을 건설적 행동으로 대체한다. 예컨대, 대중 발표를 회피했던 피오나가 대중 발표를 시도하는 경우에 해당된다.
2. 내담자가 과거에 부재했던 건설적 행동 패턴을 새롭게 획득한다. 예컨대, 사교 기술이 부족해서 여자를 사귀지 못했던 피터가 사교 기술을 학습하고 발휘하는 경우에 해당된다.

이 같은 행동의 건설적 변화는 두 가지 결과를 유발하기 때문에 유익하다. 첫째, 타인에게 긍정적인 반응이 유발된다. 예컨대, 피오나는 동료들에게 긍정적인 피드백을 받았고, 피터는 더 많은 여자와 데이트를 할 수 있었다. 둘째, 과제 수행에 대한 자신감을 갖게 되고, 결과적으로 관련된 영역에서 행동 변화가 촉진된다.

그런데 신념의 변화가 동반되지 않는 행동의 변화는 상대적으로 덜 바람직하다. 왜냐하면 신념이 변화되지 않은 내담자는 삶의 역경과 다시 마주할 때 여전히 취약할 것이기 때문이다. 예컨대, 피오나가 동료들에게 긍정적인 피드백을 받는다면 별 문제가 되지 않겠지만, 과연 그녀가 부정적인 피드백을 받더라도 적절히 대처할 수 있겠는가? 여성이 피터를 받아들인다면 그리 문제가 되지 않겠지만, 과연 그가 여성에게 거절당하더라도 원만히 대처할 수 있겠는가? 아마도 그렇지 않을 것이다.

환경의 변화

심리적 고통을 촉발하는 부정적 상황에서 물리적으로 벗어나는 것이 일종의 환경의 변화다. 예컨대, 동료의 인종차별적 태도 때문에 건강하지 못한 분노를 경험하고 있는 내담자가 직장을 옮기는 것이 환경의 변화에 해당한다.

다른 예로, 건강하지 못한 부정 정서를 느끼지 않으려고 환경을 직접적으로 개선하는 것도 가능하다. 이것은 내담자가 환경을 회피하는 것이 아니라 환경을 개선하기 위해서 직면하는 것이다. 예컨대, 청소년 자녀가 시끄럽게 오디오를 틀어 놓는 것에 대해서 건강하지 못한 분노를 경험하고 있는 내담자가 오디오를 치워 버리는 것도 일종의 환경의 변화다.

추정의 변화 및 행동의 변화와 마찬가지로 환경의 변화도 신념의 변화를 동반하지는 못한다. 왜냐하면 환경의 변화는 ABC 모형의 B가 아니라 A를 직접적으로 변화시키는 것이기 때문이다. 일반적으로 A(즉, 환경)가 적절히 변화되면 B(즉, 신념)를 변화시키려는 동기가 줄어드는 경향이 있다. 그러나 열악한 환경에서 벗어남으로써 신념의 변화가 수월해지는 반대 경우도 있다. 열악한 환경에서 벗어난 내담자는 과거에 그 환경에서 자신이 스스로를 얼마나 괴롭혔었는지 분명하게 인식하는 기회를 얻을 수도 있고, 그때 비합리적 신념을 합리적 신념으로 변화시켰더라면 환경을 더 효율적으로 조절할 수 있었다는 깨달음을 얻을 수도 있다. 심지어 열악한 환경으로 복귀해서 합리적으로 생각하고 행동하며 감내하고 싶은 소망이 솟아날 수도 있다. 환경의 변화가 신념의 변화를 촉진할 수 있다는 것을 보여 주는 좋은 사례다.

28

합리적 정서행동치료에 대한 오해, 의심, 유보, 거부

모든 CBT 치료자는 내담자의 치료적 변화를 방해하는 다양한 장애물을 파악하고 적절히 대응해야 한다고 생각한다(Dryden & Neenan, 2004a; Leahy, 2001). 장애물은 때때로 치료에 대한 '저항'으로 묘사된다. 이 대목에서도 REBT는 독특한 입장을 견지하는데, 내담자가 REBT 이론과 개념, 실제에 대한 자신의 오해, 의심, 유보, 거부를 충분히 인식하고 해소해야 한다는 점을 특히 강조한다(Dryden, 2001).

내담자와 치료자(심지어 CBT 치료자조차)가 REBT에 품고 있는 수많은 오해는 여러 문헌을 통해 확인할 수 있다(Dryden, 2004; Gandy, 1985; Saltzberg & Elkins, 1980). Dryden(2004)은 내담자가 품고 있는 흔한 오해의 내용을 다음과 같이 정리하였다.

1. REBT는 정서 문제가 촉발 사건 때문에 발생하는 것이 아니라고 주장한다. 이것은 부분적으로 진실이다. 부정적 사건

의 강도가 약하거나 중간 정도일 때는 그렇지만, 부정적 사건의 강도가 매우 심한 정도일 때는 그렇지 않다. 강간과 같은 외상 사건, 사별과 같은 상실 사건은 당연히 정서 문제를 촉발시킨다.

2. 정서 문제의 책임이 내담자에게 있다는 설명은 피해자를 비난하는 것처럼 들린다.
3. 정서 문제의 책임이 내담자에게 있다는 설명은 바람직하지 못한 행동을 한 상대방에게는 아무런 문제가 없다는 말처럼 들린다. 그것은 책임을 내담자에게 떠넘기는 것 아닌가?
4. REBT의 ABC 모형은 지나치게 단순하다.
5. REBT는 과거를 무시한다.
6. REBT의 수용 개념은 현실에 안주하라고 부추기는 것 같다.
7. REBT는 감정을 간과한다.
8. REBT는 치료 기법만 강조하고 치료 관계에 소홀하다.
9. REBT의 치료 관계는 불평등하다.
10. REBT 치료자는 내담자를 세뇌시킨다.
11. REBT 치료자는 내담자에게 무엇을 느껴야 하고 어떻게 행동해야 하는지 강요한다.
12. REBT 치료자는 내담자 대신에 문제를 해결해 준다.
13. REBT 치료자는 내담자의 자유를 구속한다.
14. REBT 치료자는 오직 신념의 변화에만 관심이 있다.
15. REBT는 언어적 기교에 지나치게 의존하고, 이해하기 어려운 개념을 나열한다. 따라서 매우 똑똑하고 유창한 사람에

게만 효과가 있다.

Dryden(2004)은 치료자는 내담자가 이러한 오해를 품고 있을 가능성을 항상 유념해야 한다고 강조했고, 내담자가 REBT에 대해서 오해하고 있다면 치료 과정에서 그것을 명시적으로 논의해야 한다고 주장했다.

합리적 정서행동치료에 대한 오해

여기서는 내담자가 품고 있는 대표적인 오해와 그것을 다루는 치료자의 답변을 예시하겠다.

내담자의 오해

REBT는 정서 문제가 촉발 사건 때문에 발생하는 것이 아니라고 주장합니다. 부정적 사건의 강도가 약하거나 중간 정도일 때는 어느 정도 수긍이 됩니다. 하지만 강간과 같은 외상 사건 혹은 사별과 같은 상실 사건처럼 부정적 사건의 강도가 매우 심할 때는 인간이 정서적으로 고통스러워지는 것이 당연하지 않습니까?

치료자의 답변

날카로운 질문입니다. 그렇기 때문에 REBT는 건강한 부정 정서(HNE)와 건강하지 못한 부정 정서(UNE)를 구분합니다. 말씀

하신 강간 사건의 경우를 생각해 봅시다. 강간은 여성과 남성 모두에게 의심할 여지없는 비극적 사건입니다. 강간을 당한 사람이 경험하는 엄청난 고통은 건강한 정서입니다. 고통이 아무리 강렬할지라도 REBT는 그것을 건강한 정서로 분류합니다. 다른 심리치료에서는 부정 정서의 강도를 줄이기 위해서 노력하는데, 그것은 건강한 부정 정서(즉, 고통)와 건강하지 못한 부정 정서(즉, 장애)를 예리하게 구분하지 않기 때문입니다.

REBT는 고통과 장애를 뚜렷하게 구분합니다. 고통은 부정적 촉발 사건에 합리적 신념으로 반응한 결과지만, 장애는 동일한 사건에 비합리적 신념으로 반응한 결과입니다. 다소 복잡하게 느낄 수 있지만 REBT가 항상 ABC 모형처럼 단순한 것은 아닙니다.

건강한 고통의 정도는 내담자가 직면한 촉발 사건의 부정성과 그가 적용한 합리적 신념의 강도에 비례합니다. 강간을 당한 사람이 경험하는 엄청난 고통(C)은 강간이 비극적인 사건(A)이라는 강력한 합리적 신념(rB)에서 비롯됩니다. 강간을 당한 사람은 누구나 그 사건을 이렇게 합리적으로 해석할 것입니다. 그래서 흔히 촉발 사건이 엄청난 고통의 직접적인 '원인'처럼 여기는 것입니다.

이쯤에서 비합리적 신념도 논의에 포함시킵시다. REBT에 따르면 인간은 합리적 신념을 비합리적 신념으로 쉽게 변질시키는 존재입니다. 특히 몹시 부정적인 촉발 사건을 경험할 때 그렇습니다. 이것이 논의의 핵심인데, 정서 문제의 책임이 내담자에게 있다는 것은 합리적 신념을 비합리적 신념으로 변질시킨 책임이 내담자에게 있다는 뜻입니다. 심지어 강간처럼 몹시 비극적인 촉발 사건에 직면했을 때도 마찬가지입니다. 누구라도 그런 상황에서는 합리적 신념을 비합리적 신념으로 변질시키기 쉽다는 점에는 충분히 공감할 수 있지만, 변질시킨 책임은 여전히 내담자에게 있습니다.

실제로 강간 사건 피해자의 전형적인 비합리적 신념을 살펴봅시다. 비합리적 신념은 강간 사건의 전체가 아닌 일부만 반영하고 있습니다.

- '이런 일이 벌어지지 않도록 애초에 내가 조심했어야 했는데, 그렇게 하지 못했어.'
- '이번 일로 내 인생은 완전히 망가졌어.'
- '이런 일을 당했다는 것은 내가 무가치한 사람이라는 뜻이야.'

강간을 당한 사람이 이런 생각을 하는 까닭은 충분히 공감할 수 있지만, 그렇다고 하더라도 강간 사건에 비합리적 신념을 적용한 책임이 그 사람에게 있다는 사실은 달라지지 않습니다. 그렇기 때문에 REBT는 촉발 사건이 정서장애의 직접적인 '원인'은 아니라고 주장하는 것입니다. 사실 이것은 낙관적인 견해입니다. 만약 부정적인 촉발 사건이 정서장애의 직접적인 원인이라면, 내담자는 비합리적 신념이 고통의 직접적인 원인이라고 가정할 때보다 고통을 극복하는 것이 훨씬 어려울 것입니다. 한 가지 더 살펴봅시다. 몇몇 REBT 치료자는 부정적인 촉발 사건 도

중에 경험하는 정서적 고통과 그 촉발 사건 이후에 지속되는 정서적 고통을 구분합니다. 외상 사건이 벌어지는 도중에 경험하는 고통과 외상 사건이 종료된 직후에 단기간으로 경험하는 고통의 원인은 외상 사건이지만, 외상 사건이 종료된 이후에 장기간으로 지속되는 고통의 원인은 비합리적 신념입니다. 즉, 내담자가 비합리적 신념을 형성하고 유지하기 때문에 장애가 지속된다는 뜻입니다. 비극적인 촉발 사건 이후에 일시적으로 출현하는 비합리성은 건강하지 못한 반응이 아니지만, 지속적으로 유지되는 비합리성은 건강하지 못한 반응입니다. 요컨대, 부정적인 촉발 사건은 정서장애의 발생을 자극한 것이고, 비합리적 신념이 정서장애가 지속되는 원인인 것입니다.

내담자에게 일방적으로 강의하는 형식으로 치료자의 답변을 예시했지만, 실제로는 내담자와 치료자가 상호적으로 논의해야 한다는 점에 유의하기 바란다. 치료자와 내담자 사이의 대화를 책에서 온전히 소개하는 것은 한계가 있다. 미처 다루지 못한 내담자의 오해와 치료자의 답변은 Dryden(2004)을 참고하기 바란다.

합리적 정서행동치료에 대한 의심, 유보, 거부

치료자는 내담자가 품고 있는 REBT에 대한 오해뿐만 아니라 REBT의 특정 요소에 대한 내담자의 의심, 유보, 거부까지 주의 깊게 살펴야 한다. 이것을 겉으로 드러내서 논의해야 REBT의 효과를 극대화할 수 있다. 다음과 같은 경우가 대표적이다.

1. 합리적 신념(즉, 유연한 신념, 항파국화 신념, 감내 가능 신념, 수용적 신념)의 채택에 대한, 그리고 비합리적 신념(즉, 경직된 신념, 파국화 신념, 감내 불능 신념, 비하적 신념)의 포기에 대한 의심, 유보, 거부
2. 건강한 부정 정서의 수용에 대한, 그리고 건강하지 못한 부정 정서의 변화에 대한 의심, 유보, 거부
3. 건설적 행동의 선택에 대한, 그리고 파괴적 행동의 포기에 대한 의심, 유보, 거부

이러한 의심, 유보, 거부를 치료적으로 다루는 방법은 Dryden (2001)을 참고하기 바란다.

29

치료 효율

Ellis는 인생과 심리치료의 효율에 관심이 많았다. 자연스럽게 REBT도 효율적인 치료를 강조한다. 기념비적 논문에서 Ellis(1980c)는 심리치료의 효율을 평가하는 일곱 가지 기준을 제시했다. 치료 효율은 모든 조건이 충족될 때 증진된다.

신속한 치료

REBT 치료자는 가능한 최소의 시간을 들여서 치료하는 것을 목표로 한다. 내담자에게 REBT 기술을 가르치고 스스로 구사할 때까지 훈련하는 까닭이 여기에 있다. 신속한 심리치료는 치료자의 시간과 내담자의 비용을 절약한다. 그러나 상당히 심각한 문제를 지니고 있는 일부 내담자는 신속하게 치료되지 않는다는 사실도 잘 알고 있다.

신념의 변화

REBT 치료자는 치료 초기부터 내담자의 비합리적 신념에 주목한다(20장 참조). 심리장애의 본질은 비합리적 신념과 맞닿아 있으므로 가급적 빨리 비합리적 신념을 파악하고 도전하고 수정하여 합리적 신념을 생성하고 연마하는 것이 내담자에게 유익하다.

전반적 변화

REBT 치료자는 내담자의 인생 전반에 영향을 미친다. "치료자는 내담자가 호소하는 소수의 증상뿐만 아니라 어떤 의미에서는 내담자의 인생 전체를 다룬다(Ellis, 1980c, p. 415)." CBT 치료자도 내담자가 드러내는 문제의 밑바닥에 핵심 믿음이 자리잡고 있다는 사실을 인정하지만, REBT 치료자는 내담자의 핵심적인 비합리적 신념을 가급적 빨리 변화시키려고 노력할 뿐만 아니라 그 사람의 인생 전반에 적용할 수 있는 합리적 철학을 가르치려고 노력한다.

대규모 변화

Ellis(1980c)가 언급했듯이 대규모 변화란 고통스러운 감정을 감소시키는 데 그치지 않고 행복한 인생을 영위할 잠재력을 향상시키는 것을 의미한다. 여러 CBT 중에서 REBT가 특히 대규모 변화를 지향하고 있으며, 임상적 치료 장면과 개인적 성숙 훈련에 적용되어 왔다.

철저한 변화

REBT 치료자는 지나칠 정도로 철저하게 인지적 · 정서적 · 행동적 기법을 활용한다. 중다양식치료(Lazarus, 1981)만큼 포괄적이지는 않지만, 거의 이에 근접한다.

변화의 유지

치료적 변화 못지않게 변화를 유지하는 것이 중요하다. REBT는 CBT와 달리 내담자의 감내 불능 신념이 치료의 진전을 방해하는 주요 장애물이라고 강조한다. REBT 치료자는 내담자가 감내 가능 신념을 품도록 격려하여 치료의 진전을 유지하고 증진하려고 노력한다.

예방의 강조

효율적인 심리치료는 현재의 정서 문제를 치료하는 것뿐만 아니라 미래의 정서 문제를 예방하는 것에도 초점을 맞춘다. 예방을 위해 REBT 치료자는 다음과 같은 노력을 기울인다.

- 내담자가 자신의 취약성을 인식하도록 교육한다(예: 실패에 대한 취약성, 거절에 대한 취약성).
- 내담자가 취약성의 저변에 깔려 있는 비합리적 신념을 파악하고 도전하고 수정하도록 조력한다.
- 내담자가 합리적 신념을 강화하는 건설적인 행동과 현실적인 사고를 시도하도록 격려한다.
- 내담자가 고통을 겪을 가능성이 높은 상황에 직면하는 도중에 혹은 직면하기 직전에 건강한 사고와 행동을 연습하도록 제안한다.
- 내담자가 고통을 겪을 가능성이 높은 상황에 일부러 직면하도록 권면한다. 직면하기 전에는 건강한 신념을 반복해서 되뇌고, 직면하는 중에는 건설적인 행동과 현실적인 생각을 유지하려고 노력한다.

30

절충주의 심리치료

REBT는 이론적 일관성을 유지하는 절충주의 심리치료의 일종이다(Dryden, 1986). REBT 치료자는 이론적 일관성이 훼손되지 않는 범위 내에서는 다른 심리치료 접근이 발전시킨 지혜까지 기꺼이 통섭한다. 서문에서 언급했듯이 이 책에서는 전문적 REBT를 다루고 있다. Ellis(1980a)가 밝힌 것처럼 일반적 REBT는 CBT와 거의 차이가 없다. 일반적 REBT를 실시하는 치료자는 다른 심리치료 접근에서 활용하는 기법, 특히 CBT에서 구사하는 기법을 이론적 일관성에 크게 구애받지 않으면서 자유롭게 사용한다.

REBT 치료자마다 어떤 심리치료 접근에서 어떤 기법을 차용할지는 아무도 모르기 때문에 이론적 일관성을 유지하는 REBT의 절충주의도 치료자에 따라서 다른 색채를 띨 것이다. 그래서 나는 어떻게 하고 있는지 간단히 소개하겠다.

Dryden의 절충적 합리적 정서행동치료

나는 작업동맹치료, 인지치료, 체험적 치료 그리고 마음챙김 명상에서 지혜를 차용한다.

작업동맹치료

이 분야를 개척한 Bordin(1979)은 치료자와 내담자 사이의 작업동맹(working alliance)이 다음과 같은 요소로 구성된다고 주장했다.

- 유대: 내담자와 치료자 사이의 인간적 연결 고리
- 목표: 내담자가 기대하는 목표 및 치료자가 지향하는 목표
- 과업: 내담자와 치료자가 목표를 달성하기 위해 시도하는 과제

Bordin(1979)은 내담자와 치료자 사이에 강력한 유대 관계가 형성돼서 함께 작업할 수 있을 때, 두 사람 모두 동의하는 치료 목표를 추구할 때, 치료 목표를 달성하는 데 도움이 되는 과업을 두 사람이 기꺼이 수행할 능력과 의지가 있을 때 심리치료의 효과가 가장 커진다고 주장했다.

나는 일반적 REBT 및 전문적 REBT를 실시할 때 이 세 가지 치료 요소를 차용한다. 아울러 나는 '관점'이라는 네 번째 치료 요소를 제안했다. 이것은 문제가 발생한 원인, 문제를 수정할 방

법, 가장 결정적인 치료 요인에 대한 내담자와 치료자의 견해를 뜻한다(Dryden, 2006). 심리치료의 효과는 내담자와 치료자의 관점이 동일할 때 더욱 증진된다.

인지치료

임상 경험에 비추어 볼 때, 인지치료(Beck et al., 1979)에서 개발된 방법 중에서는 의제 설정과 문제 목록 작성이 특히 유용했다. 인지적 및 정서적 혼란 때문에 이 문제 저 문제 혹은 이 주제 저 주제로 자꾸 탈선하는 내담자라면 더욱 그렇다. 의제 설정과 문제 목록 작성 작업은 심리치료의 구조를 수립하고 유지하는 데 도움이 된다. 흥미롭게도 CBT가 REBT보다 더 구조화된 치료라는 점에는 Beck과 Ellis 모두 동의한다(Ellis, 2003; Padesky & Beck, 2003).

체험적 치료

게슈탈트치료와 같은 체험적 치료에서 개발된 기법은 일반적인 평가도구로는 포착하기 힘든 내담자의 감정과 생각을 파악하는 데 주로 도움이 된다. 감정을 파악할 때는 초점 조정 기법(Gendlin, 1978)이 유용하고, 생각을 포착할 때는 게슈탈트치료의 두 의자 기법(Passons, 1975)이 유익하다. 기법을 적용하는 동안 감정과 생각이 분명하게 드러나기 때문이다.

REBT의 이론적 일관성 측면에서 평가하면, 이러한 기법이 그 자체만으로 치료 효과를 갖는 것은 아니다. 그러나 일반적인 개입의 효과가 나타나지 않을 때 도움을 받은 것은 사실이다.

마음챙김 명상

마음챙김 명상(Kabat-Zinn, 1990)을 도입하는 CBT가 늘어나고 있다. 초기에는 재발성 우울증 치료에 활용되었고(Segal, Williams, & Teasdale, 2002), 최근에는 다양한 심리장애의 치료로 확대되는 추세다. 마음챙김 명상은 해로운 생각에 사로잡히지 않고 그저 떠나보내는 데 도움이 된다. 나는 내담자가 자신의 비합리적 신념을 논박하도록 개입한 이후에 마음챙김 기법을 사용한다. 내담자가 자신의 추정에 적절한 의문을 제기했음에도 여전히 그 왜곡된 추정을 붙들고 있을 때도 유용하다.

합리적 정서행동치료가 차용하지 않는 기법

지금까지 이론적 일관성이 훼손되지 않는 범위 내에서 REBT가 차용하는 기법을 소개했다. 이제부터 REBT가 절충주의를 표방하고 있음에도 차용하지 않는 기법을 살펴볼 텐데, 이것도 유익한 정보가 될 것이다(Dryden & Neenan, 2004b).

1. 치료자에게 더욱 의존하도록 만드는 기법(예: 강력한 강화물로 기능하는 지나친 온정, 전이신경증의 형성 및 분석)
2. 내담자의 피암시성을 강화하는 기법(예: 긍정적 사고 훈련)

3. 치료 시간이 길어져 치료 효율을 감소시키는 기법(예: 일반적인 정신분석 및 특히 자유연상, 촉발 사건의 장황한 묘사)
4. 장기적 기분 변화(Ellis, 1972)가 아니라 단기적 기분 변화를 유도하는 기법(예: 감정의 극단적 표출, 카타르시스적 정화). 즉, 일부 게슈탈트치료 기법은 차용하지 않는다. 분노와 같은 감정을 빚어낸 비합리적 신념을 강화할 우려가 있기 때문이다.
5. 비합리적 신념의 수정을 방해하는 기법(예: 이완 훈련, 요가, 주의 분산 기법). 그러나 철학적 변화를 지향하는 인지적 논박과 함께 활용할 수는 있다.
6. 의도치 않게 내담자의 감내 불능 신념을 강화하는 기법(예: 체계적 둔감화)
7. 과학적 사실에 반하는 기법(예: 신앙 요법, 신비주의)
8. 비합리적 신념(B)을 다루지 않고 혹은 다루기 전에 촉발 사건(A) 자체를 변화시키는 기법(예: 일부 전략적 가족치료 기법)
9. 과학적 타당성이 의심스러운 기법(예: 신경언어프로그래밍, 즉 NLP)

REBT 치료자가 차용하지 않는 기법을 열거하기는 했지만, 이런 기법을 절대로 사용하지 말아야 한다는 뜻은 아니다. 한정된 조건에 처한 특수한 내담자에게는 실용적인 목적으로 구사할 수 있다. 예컨대, 자해하는 내담자를 도울 방법이 오직 신앙 요법뿐이라면, 나는 스스로 그것을 적용하든지 아니면 신앙 요법을 구사하는 치료자에게 의뢰할 것이다(Ellis, 2002). REBT는 상대주의 철학에 기반을 두고 있다. 아마도 이것이 REBT의 가장 독특한 특징일 것이다.

참고문헌

Barzun, J. (1964). *Of Human Freedom*. Philadelphia: Lippincott.

Beck, A. T. (1976). *Cognitive Therapy and the Emotional Disorders*. New York: International Universities Press.

Beck, A. T. (2002, June 4). *The Word "Challenge"*. Academy of Cognitive Therapy Listserve Posting.

Beck, A. T., Rush, A. J., Shaw, B. F. and Emery, G. (1979). *Cognitive Therapy of Depression*. New York: Guilford Press.

Bordin, E. S. (1979). 'The generalizability of the psychoanalytic concept of the working alliance', *Psychotherapy: Theory, Research and Practice, 16*, 252-260.

DiGiuseppe, R. (1991a). 'A rational-emotive model of assessment', In M. Bernard (Ed.), *Using Rational-Emotive Therapy Effectively*. New York: Plenum Press.

DiGiuseppe, R. (1991b). 'Comprehensive cognitive disputing in rational emotive therapy', In M. Bernard (Ed.), *Using Rational-Emotive Therapy Effectively*. New York: Plenum Press.

Dobson, K. S. (Ed.) (2001). *Handbook of Cognitive-Behavioral Therapies*, (2nd edn). New York: Guilford Press.

Dryden, W. (1985). 'Challenging but not overwhelming: A compromise in negotiating homework assignments', *British Journal of Cognitive Psychotherapy, 3*(1), 77-80.

Dryden, W. (1986). 'A case of theoretically consistent eclecticism: Humanizing a computer "addict"', *International Journal of Eclectic*

Psychotherapy, 5(4), 309-327.

Dryden, W. (1987). 'Compromises in rational-emotive therapy', In W. Dryden, *Current Issues in Rational-Emotive Therapy*. London: Croom Helm.

Dryden, W. (1997). *Therapists' Dilemmas* (revised edn). London: Sage.

Dryden, W. (1998). 'Understanding persons in the context of their problems: A rational emotive behaviour therapy perspective', In M. Bruch & F. W. Bond (Eds), *Beyond Diagnosis: Case Formulation Approaches in CBT*. Chichester, UK: Wiley.

Dryden, W. (1999). 'Beyond LFT and discomfort disturbance: The case for the term "non-ego disturbance"', *Journal of Rational-Emotive and Cognitive-Behavior Therapy, 17*(3), 165-200.

Dryden, W. (2001). *Reason to Change: A Rational Emotive Behaviour Therapy (REBT) Workbook*. Hove, UK: Brunner-Routledge.

Dryden, W. (2002). *Fundamentals of Rational Emotive Behaviour Therapy: A Training Handbook*. London: Whurr.

Dryden, W. (2004). *Rational Emotive Behaviour Therapy: Clients' Manual*. London: Whurr.

Dryden, W. (2006). *Counselling in a Nutshell*. London: Sage.

Dryden, W., Gordon, J., & Neenan, M. (1997). *What is Rational Emotive Behaviour Therapy? A Personal and Practical Guide*. Loughton, UK: Gale Centre Publications.

Dryden, W., & Neenan, M. (2004a). *The Rational Emotive Behavioural Approach to Therapeutic Change*. London: Sage.

Dryden, W., & Neenan, M. (2004b). *Counselling Individuals: A Rational Emotive Behavioural Handbook*. London: Whurr.

Ellis, A. (1962). *Reason and Emotion in Psychotherapy*. Secaucus, NJ: Lyle Stuart.

Ellis, A. (1972). 'Helping people get better: Rather than merely feel better', *Rational Living, 7*(2), 2-9.

Ellis, A. (1976). 'The biological basis of human irrationality', *Journal of Individual Psychology, 32*, 145-168.

Ellis, A. (1978). 'Toward a theory of personality', In R. J. Corsini (Ed.), *Readings in Current Personality Theories*. Itasca, IL: Peacock.

Ellis, A. (1979). 'Discomfort anxiety: A new cognitive behavioural construct. Part I', *Rational Living, 14*(2), 3-8.

Ellis, A. (1980a). 'Rational-emotive therapy and cognitive behavior therapy: Similarities and differences', *Cognitive Therapy and Research, 4*, 325-340.

Ellis, A. (1980b). 'Discomfort anxiety: A new cognitive behavioral construct. Part 2', *Rational Living, 15*(1), 25-30.

Ellis, A. (1980c). 'The value of efficiency in psychotherapy', *Psychotherapy: Theory, Research and Practice, 17*, 414-418.

Ellis, A. (1983a). *The case against religiosity*. New York: Albert Ellis Institute.

Ellis, A. (1983b). 'The philosophic implications and dangers of some popular behavior therapy techniques', In M. Rosenbaum, C. M. Franks, & Y. Jaffe (Eds.), *Perspectives in Behavior Therapy in the Eighties*. New York: Springer.

Ellis, A. (1987). 'The use of rational humorous songs in psychotherapy', In W. F. Fry, Jr. & W. A. Salameh (Eds.), *Handbook of Humor in Psychotherapy: Advances in the Clinical Use of Humor*. Sarasota, FL: Professional Resource Exchange, Inc.

Ellis, A. (1994). *Reason and Emotion in Psychotherapy*, revised and updated edn. New York: Birch Lane Press.

Ellis, A. (2002). *Overcoming Resistance: A Rational Emotive Behavior Therapy Integrated Approach* (2nd edn). New York: Springer.

Ellis, A. (2003). 'Similarities and differences between rational emotive behavior therapy and cognitive therapy', *Journal of Cognitive Psychotherapy: An International Quarterly, 17*, 225-240.

Ellis, A. (2004). *Rational Emotive Behaviour Therapy: It Works For Me - It Can Work For You*. New York: Prometheus Books.

Ellis, A., & Dryden, W. (1997). *The practice of Rational Emotive Behavior Therapy* (2nd edn). New York: Springer.

Freud, A. (1937). *The Ego and the Mechanisms of Defence*. London: Hogarth.

Gandy, G. L. (1985). 'Frequent misperceptions of rational-emotive therapy: An overview for the rehabilitation counselor', *Journal of Applied Rehabilitation Counseling, 16*(4), 31-35.

Gendlin, E. T. (1978). *Focusing*. New York: Everest House.

Grieger, R. M., & Boyd, J. (1980). *Rational-Emotive Therapy: A Skills-based Approach*. New York: Van Nostrand Reinhold.

Hjelle, L. A., & Ziegler, D. J. (1992). *Personality Theories: Basic Assumptions, Research and Applications*. New York: McGraw-Hill.

Kabat-Zinn, J. (1990). *Full Catastrophe Living: Using the Wisdom of Your Mind and Your Body to Face Stress, Pain and Illness*. New York: Dell Publishing.

Korzybski, A. (1933). *Science and Society*. San Francisco: ISGS.

Lazarus, A. A. (1981). *The Practice of Multimodal Therapy*. New York: McGraw-Hill.

Leahy, R. L. (2001). *Overcoming Resistance in Cognitive Therapy*. New York: Guilford Press.

Maslow, A. (1968). *Toward a Psychology of Being*. New York: Van Nostrand Reinhold.

Padesky, C. A., & Beck, A. T. (2003). 'Science and philosophy: Comparison of cognitive therapy and rational emotive behaviour therapy', *Journal of Cognitive Psychotherapy: An International Quarterly, 17*, 211-224.

Passons, W. R. (1975). *Gestalt Approaches in Counseling*. New York: Holt Rinehart & Winston.

Persons, J. (1989). *Cognitive Therapy: A Case Formulation Approach*. New York: Norton.

Reivich, K., & Shatte, A. (2002). *The Resilience Factor: 7 Keys to Finding your Inner Strength and Overcoming Life's Hurdles*. New York: Broadway Books.

Rogers, C. R. (1957). 'The necessary and sufficient condition of therapeutic personality change', *Journal of Consulting Psychology, 21*, 95-103.

Saltzberg, L., & Elkins, G. R. (1980). 'An examination of common concerns about rational-emotive therapy', *Professional Psychology: Research and Practice, 11*(2), 324-330.

Segal, Z. V., Williams, J. M. G., & Teasdale, J. D. (2002). *Mindfulness-based Cognitive Therapy for Depression*. New York: Guilford Press.

Walen, S. R., DiGiuseppe, R., & Dryden, W. (1992). *A Practitioner's Guide to Rational-Emotive Therapy* (2nd edn). New York: Oxford University Press.

Weinrach, S. G. (1980). 'Unconventional therapist: Albert Ellis', *Personnel and Guidance Journal, 59*, 152-160.

Wessler, R. A., & Wessler, R. L. (1980). *The Principles and Practice of Rational-Emotive Therapy*. San Francisco: Jossey-Bass.

Wolpe, J. (1958). *Psychotherapy by Reciprocal Inhibition*. Stanford, CA: Stanford University Press.

Young, J. E., & Klosko, J. S. (1993). *Reinventing Your Life: The Breakthrough Program to End Negative Behavior And Feel Great Again*. New York: Plume.

Ziegler, D. J. (2000). 'Basic assumptions concerning human nature underlying rational emotive behaviour therapy (REBT) personality theory', *Journal of Rational-Emotive and Cognitive-Behavior Therapy, 18*, 67-85.

찾아보기

인 명

내용

저자 소개

윈디 드라이덴(Windy Dryden)

영국 골드스미스대학교 심리치료 전공 교수로서, 인지행동치료 스펙트럼 시리즈의 기획자다. 영국을 대표하는 1세대 인지행동치료자이며, 합리적 정서행동치료 분야의 권위자로 명성을 떨치고 있다. 1975년부터 지금까지 200권 이상의 저서를 집필했으며, 영국과 미국을 비롯해 이스라엘과 터키에서 인지행동치료자를 훈련시키고 있다.

역자 소개

유성진(Yoo Seong Jin)

서울대학교 심리학과 학사, 석사, 박사(임상 · 상담심리학 전공)
서울대학교병원 신경정신과 임상심리레지던트 수련
한국임상심리학회 총무이사, 수련이사, 자격관리이사 역임
한국심리학회 김재일소장학자논문상 수상(2010)

현 한양사이버대학교 상담심리학과 교수
심리상담연구소 사람과사람 자문교수
임상심리전문가(한국임상심리학회)
정신보건임상심리사 1급(보건복지부)
인지행동치료전문가(한국인지행동치료학회)

합리적 정서행동치료

Rational Emotive Behavior Therapy: Distinctive Features

2016년 1월 25일 1판 1쇄 발행
2024년 6월 20일 1판 6쇄 발행

지은이 • Windy Dryden
옮긴이 • 유성진
펴낸이 • 김진환
펴낸곳 • (주) 학지사
04031 서울특별시 마포구 양화로 15길 20 마인드월드빌딩
대표전화 • 02)330-5114 팩스 • 02)324-2345
등록번호 • 제313-2006-000265호

홈페이지 • http://www.hakjisa.co.kr
인스타그램 • https://www.instagram.com/hakjisabook

ISBN 978-89-997-0693-6 93370

정가 13,000원

역자와의 협약으로 인지는 생략합니다.
파본은 구입처에서 교환해 드립니다.